원하시는 바를 실천하는 멋진 한 해 되시길 바라며

_____ 님께

소중한 마음을 담아 드립니다.

춤추는고래의
실천

KNOW CAN DO

켄 블랜차드 자기경영 실천편

춤추는 고래의
실천

Know   **Can Do**

켄 블랜차드 외 지음 | 조천제 · 조영만 옮김

청림출판

프롤로그

《춤추는 고래의 실천 *Know Can Do*》이 세상에 나오기까지 참으로 긴 세월이 걸렸다. 내가 이 책을 쓰게 된 데에는 한 친구와 나눈 대화가 큰 영향을 미쳤다.

몇 년 전 절친한 친구가 내게 이런 질문을 했다.

"너는 작가로 정말 유명해졌어. 많은 사람들이 네 책을 읽고 감명받았을 뿐 아니라 너의 강의를 듣기 위해 유수의 기업들이 대기하고 있잖아. 그런데 이 일을 하면서 실망한 적은 없었니? 너가 가장 크게 실망한 건 뭐야?"

그의 질문은 나를 되돌아보게 했다.

나는 실제로 사람들에게 삶의 지침으로 삼을 만한 많은 지식을 전했다. 그것이 내 일이었다. 하지만 내가 전한 지식이 독자들의 삶에 지속적인 영향을 미치지는 못했다. 이런 사실은 나를 무척이나 괴롭히던 화두였다.

내 책을 읽은 전 세계의 수많은 독자들이 나의 가르침을 따르거나 실생활에 적용하고 있는 것은 아니었다. 오히려 많은 수가 그렇게 하지 않았다. 예컨대 나는 리더십에 관한 책을 많이 썼는데, 어떤 관리자들은 내 책을 읽고도 리더십 실천사항을 실제 업무에서 활용하기보다 그저 말로만 그치는 경우가 많았다.

내 고민을 들은 친구는 대화의 마지막에 이렇게 말했다.

"어쩌면 너는 엉뚱한 곳을 들여다보고 있는 건지도 몰라. 사람들의 삶이 정말 변화되기를 원한다면 그들의 내면으로 깊숙이 들어가야 해. 바깥에서 아무리 바꾸려고 애써도 그건 결국 한계가 있는 법이야."

그 친구는 자신 역시 이런 종류의 고민을 가지고 있다고 솔직히 고백하면서, 오랜 시행착오 끝에 진정한 변화는 내면에서 시작해 행동으로 발현된다는 사실을 깨달았다고 했다.

그의 말을 들으며 나는 느끼는 바가 많았다. 사실 나는 그동안 줄곧 방법이나 도구에만 관심을 가졌을 뿐 사람들의 의식이나 마음속에 무엇이 있는지 관심을 기울이지 않았다.

친구와 대화를 나눈 뒤 나는 '아는 것과 실천 사이의 틈(know-ing doing gap)'을 없애기 위한 어떤 방법이 필요하다는 사실을 명확히 인식하게 되었다. 다시 말해 외면뿐만 아니라 내면에도 초점을 맞출 방법이 필요했던 것이다.

나는 이에 대한 해답을 얻기 위해 폴 마이어(Paul J. Meyer)를 만났다. 50여 년 동안 '인간 행동'에 대해 연구해온 그는, 1960년에 성공동기연구소(Success Motivation Institute)를 설립하였다. 연구소를 설립하면서 그는 "사람들에게 자신이 지닌 최대한의 잠재력을 일깨워주겠다"라고 공언한 바 있었다. 나는 그에게서 내 고민의 해답을 찾을 수 있으리라고 생각했기에 폴 마이어를 만나 내가 가진 딜레마를 설명했다.

그는 내 이야기를 듣고 무척이나 흥미로워했다. 폴은 내가 가진 문제를 가능한 빨리 해결하고 싶어 했다. 폴은 이처럼 누군가에게 도움을 요청 받으면 당사자보다 더 열심히 문제 해결에 골몰하는 사람이었다.

그는 진심으로 내가 도움을 청한 문제에 대해 고심했고, 이를 토대로 자신이 이사로 재직하고 있는 다국적 기업의 기조연설을 준비했다. 내가 느끼는 문제를 화두로 그에 대한 해결책까지 연설의 주제로 삼은 것이었다.

그가 말할 주제는 '잃어버린 고리(the missing link)'였다.

그는 이 연설에서 책을 읽고, CD나 테이프를 듣고, 비디오를 보고, 세미나에 참석하면서 배운 노하우를 실천에 옮기기 위해서 필요한 것이 무엇인지 이야기했다.

그리고 이 책《춤추는 고래의 실천》은 바로 그 연설에서부터 시작되었다.

폴과 함께 일하는 것은 정말 즐거웠다. 그는 세계적으로 20억 달러 이상의 매출을 올리는 기업을 40여 개 이상 설립한 비범한 사업가이다. 그에 비하면 나는 40여 권의 책을 출판했고, 그저 몇몇 모임에서나 비범한 작가로 인정해줄 뿐인 존재였다. 나는 폴과 함께하는 우리의 팀이 완벽해지려면 한 사람이 더 필요하다고 생각했다. 그는 언제 어디서든 달려와 우리의 메시지를 전달할 수 있는 인물이어야 했다.

그런 의미에서 딕 류(Dick Ruhe)야말로 적임자라고 생각했다.

그는 직접 책을 쓴 작가이고, 무엇보다 뛰어난 연설가이다. 그는 20년 가까이 켄블랜차드컴퍼니(The Ken Blanchard Companies)에서 일하면서 우리의 메시지를 전 세계에 전파하는 데 공헌했다.

나와 폴은 이 책《춤추는 고래의 실천》에 많은 기대를 가지고 있다. 이 책이 당신과 당신의 조직에 근본적인 변화를 불러오길 바란다. 또한 배운 지식을 실천에 옮기는 데 필요한 전략을 세우는 데에도 도움이 됐으면 좋겠다.

체중을 줄이려면 식이요법이 필요한 것처럼 '아는 것'과 '실천' 사이에 있는 도무지 좁혀지지 않는 틈이 이 책을 통해 없어지길 바란다. 이 책은 그 틈을 없애기 위해 실제 활용할 수 있는 간단한 지침들을 소개할 것이다.

당신의 목표가 성취되고, 이를 통해 우리가 꿈꾸는 것 역시 실현되길 진심으로 바란다!

켄 블랜차드

Contents

3장 긍정의 힘

4장 지속하는 힘

Know Can Do

chapter**1**

실천의 문제

지식과
실천 사이의 틈

헨리는 등받이 의자에 앉아 지그시 눈을 감았다. 책상 위에는 메모지와 펜이 굴러다녔다. 그의 머릿속에서 지난 밤 모임에서 있었던 일이 떠나지 않았다.

한 사업가가 주최한 디너파티에 참석한 그를 몇몇 사람이 알아보고 다가와 아는 척했다. 헨리는 꽤 성공한 작가였고, 리더십과 관련한 많은 책을 출간했기에 인지도가 높은 편이었다.

그는 어떻게 하면 사람들을 좀 더 효과적으로 관리할 수 있을지, 그들의 잠재력을 이끌어내기 위한 방법은 무엇인지, 리더십이 조직의 성장으로 이어지기 위해서는 어떤 동기가 필요한지 등에 관해 많은 강의를 해왔다. 사람들은 누구나 그의 메시지를 좋아했고, 덕분에 책 역시 수백만 부 이상 팔렸다.

파티에서 몇 명의 사람들이 그의 주변을 둘러싸고, 너도 나도 반가워했다.

"어머, 선생님! 선생님을 여기에서 만나뵙다니 영광이에요. 저는 선생님의 팬이랍니다."

"저도 그렇답니다. 선생님이 쓰신 책은 모두 읽어보았어요. 정말 좋았어요!"

헨리는 수줍게 미소를 지으며 그들과 악수를 나누었다.

"저야말로 영광입니다. 제 책이 도움이 되던가요?"

"물론이죠. 가슴에 와닿는 구절들이 많았습니다. 선생님이 쓰신 책은 꼬박꼬박 찾아 읽고 있어요. 주변 사람들한테도 권해줄 정도니까요."

사람들의 칭찬에 고개를 끄덕여 감사를 전하던 헨리는 한 가지 물음에 빠졌다.

'이 사람들은 내가 책에서 말한 것을 모두 실천했을까?'

사실 이 물음은 지난 몇 해 동안 계속 고민해오던 것이었다. 헨리는 참된 배움은 행동을 변화시킨다고 믿었고, 학습한다는 것은 결국 아는 것을 실천하는 과정이라고 굳게 믿었다. 때문에 사람들이 자신의 책에서 어느 한 부분을 예로 들며 좋다고 말할 때마다 궁금증은 더욱 커지기만 했다. 그리고 그 궁금증을 직접 풀어보고 싶었다.

헨리는 자신을 둘러싼 사람들을 향해 조심스레 질문했다.

"감사합니다. 그런데 제 책을 통해 배운 지식이 실제 삶의 변화를 가져오던가요?"

"음……, 그게……."

헨리의 질문에 당황했는지 좀 전까지도 활기차게 이야기하던 사람들이 갑자기 우물쭈물하며 대답을 하지 못했다. 사실 헨리는 어느 정도 이런 상황을 예상하고 있었다. 지금까지 그가 이렇게 질문했을 때 대부분의 사람들은 미소를 지으며 어물쩍 넘겨버리거나, 곤혹스러운 표정을 지었다. 때로는 황급하게 화제를 다른 것으로 돌려버리기도 했다.

어제 일을 떠올리니 헨리는 알 수 없는 답답함을 느꼈다. 그는 한숨을 토하며 눈을 떴다. 자신이 쓰고 있던 노트 위로 좀 전에 적은 글귀가 눈에 들어왔다.

아는 것과 실천하는 것 사이에는

엄청난 차이가 존재한다!

새로운 시도

헨리는 어떻게 하면 사람들이 아는 데서 그치지 않고 실천할 수 있을지에 대해 고민했다.

지금까지와는 다른 시도가 필요하다고 생각한 그는, 우선 자신의 대학원 은사님과 함께 터득한 세 가지 학습법을 활용해보기로 했다.

때마침 며칠 뒤 수많은 사람들이 모인 자리에서 강연할 기회가 있었기에, 그 자리에서 이 방법을 설명하기로 마음먹었다.

강연 날, 사람들 앞에 선 헨리는 활짝 웃으며 말했다.

"제 강의에 오늘도 많은 분들이 찾아주셨군요. 지금까지 제 강의를 들어보신 분이 있으신가요?"

몇몇 사람이 손을 들었다. 헨리는 그들을 찬찬히 둘러보고는 이렇게 말을 이었다.

"그럼, 그때 제가 무슨 이야기를 했는지도 기억하시나요?"

헨리의 돌발적인 질문에 사람들은 웅성대기 시작했다. 헨리는 좌중을 주목시키며 말을 계속했다.

"아마 많은 분들이 기억하지 못하실 겁니다. 그래서 오늘 강의에서는 몇 가지 과제를 드리려고 합니다. 첫 번째는 노트 필기를 하시라는 겁니다."

사람들은 저마다 고개를 갸웃거리기도 하고, 혹은 알았다는 듯 고개를 끄덕이기도 했다.

헨리는 차분히 강의를 계속했다.

"암기하는 데 천재가 아니라면 듣는 것만으로는 부족합니다. 강의를 듣는 동안 여러분들이 아무리 고개를 끄덕여도, 강의가 끝난 후 3시간이 지나면 50퍼센트밖에는 기억하지 못합니다. 24시간 후에는 그나마 기억하고 있던 내용의 절반을 또 잊어버리죠. 그리고 결국 한 달 후에는 5퍼센트도 기억하지 못합니다."

"말도 안 돼!"

누군가 낮은 목소리로 헨리에게 반론을 제기했다.

헨리는 당연하다는 듯 미소를 지으며 말을 이었다.

"네, 믿기 어려우실 수도 있습니다. 그럼, 제가 강의를 많이 한다는 건 알고 계시지요? 저는 한 기업의 연례모임에서 계속 강의를 하고 있습니다. 그런데 놀랍게도 청중들에게 '작년에 누가 강연을 했습니까? 혹시 무슨 내용이었는지 기억하십니까?'라고 물어도 대부분은 머리를 긁적이며 대답을 하지 못합니다. 그러니 귀한 시간을 내신 만큼 오래 기억하시려면 꼭 필기를 하시기 바랍니다. 아시겠죠?"

"네."

청중들은 목소리를 높여 대답했다. 헨리는 화이트보드 앞으로 가서 다시 말을 이었다.

"두 번째 과제는 필기한 것을 다시 읽어보고 주요 내용을 요약하라는 것입니다."

헨리는 청중들에게 메모할 시간을 주는 듯 잠시 말을 멈췄다. 조금 뒤 그가 말을 이었다.

"아무리 열심히 필기했더라도 활용하지 않으면 재활용 폐지와 다름없습니다. 반드시 24시간 이내에 다시 읽어봐야 합니다. 그리고 그때는 특별하게 공감했던 부분이나 깨달은 점을 요약

해야 합니다. 이런 정리를 할 때는 가급적 컴퓨터에 저장하는 것이 좋습니다. 만약 컴퓨터보다 노트를 선호한다면, 반드시 깨끗한 종이에 단정한 글씨로 적으세요."

"필기해둔 게 있는데 다시 또 정리할 필요가 있을까요?"

한 젊은이가 불쑥 일어나 물었다. 헨리는 지그시 고개를 끄덕이며 말했다.

"제가 이렇게 말씀드리는 까닭은 강의 시간에 열심히 필기를 했더라도 다시 읽어보는 분은 드물기 때문입니다. 더구나 자료를 철해두는 분은 더더욱 드물죠. 깨끗한 노트와 단정한 글씨도 꼭 필요하기 때문에 말씀드리는 겁니다."

사람들은 헨리를 더욱 주목했고, 헨리는 이를 놓치지 않으며 매끄럽게 말을 이었다.

"사람들에게 '그 세미나에 참석했었죠? 그게 무슨 내용이었나요?'라고 물어보면 많은 사람들은 대부분 자신이 적은 옛날 노트를 펼쳐보고서도 자신조차 그 글씨를 알아볼 수 없는 경우가 많습니다. 휘갈겨 쓴 내용은 시간이 지나면 자신조차 무슨 내용인지 알아보지 못합니다. 결국 애써 필기했지만 아무짝에도 쓸모없는 것이 되고마는 거죠."

헨리는 다시 한 번 정리하듯 분명하게 말했다.

"그러니 다시 깨끗하고 알아보기 쉽게 정리할 필요가 있는 것입니다."

사람들은 저마다 공감한다는 듯 고개를 끄덕였다. 여기저기에서 "맞아" 하는 소리도 들려왔다.

헨리는 그들을 보며 다시 화이트보드에 이렇게 적었다.

'배운 것을 전수하십시오!'

"자, 이게 무슨 말인지가 가장 궁금하실 거라 생각합니다. 우리가 배운 것을 효과적으로 기억하려면 여러분들 자신만 아는 데서 그쳐서는 안 됩니다. 일주일 이내에 이를 다른 사람들에게 전수하는 게 좋습니다. 오늘 같은 경우는 각각의 기업에서 한두 분씩 대표자들만 참석하신 것으로 알고 있습니다. 오늘 배운 내용을 여러분들만 아는 데서 그쳐서는 안 됩니다. 회사에 돌아가시면 일주일 이내에 반나절 정도의 회의 일정을 잡아 오늘 이 세미나에서 배운 것을 동료들에게 전수하세요."

헨리는 잠시 말을 가다듬고 청중을 향해 좀 더 강한 어조로 말했다.

"새로운 지식을 활용하는 가장 효율적인 방법은 다른 사람에

새로운 지식을 활용하는

세 가지 방법

1. 노트에 필기를 하라.

2. 필기한 것을 다시 읽어보고

   주요 내용을 요약하라.

   반드시 단정한 글씨로 메모하라!

3. 배운 것을 전수하라.

게 가르쳐주는 것입니다. 여러분이 자신의 머릿속에 든 지식을 입 밖으로 꺼내는 순간 우리의 기억장치는 보다 견고해집니다. 미처 깨닫지 못했던 지식이 토론을 거치면서 새롭게 다가오기도 하죠."

헨리는 강연회에 참석한 사람들이 지금 필기하고 있는 것들을 모두 실천하기를 바라는 마음으로 기대에 부풀었다.

전설적인
사업가

헨리는 지난 강의에서 새롭게 제안한 세 가지 학습법이 잘 지켜지고 있는지 궁금했다. 그래서 강연회에 참석했던 사람들에게 연락을 해봤다.

하지만 헨리의 기대가 사그러드는 데까지는 그리 오랜 시간이 걸리지 않았다. 헨리는 자신의 제안을 따르는 사람이 거의 없다는 것을 금세 파악할 수 있었다. 헨리의 강의를 들은 사람들은 일터로 돌아가 자신이 맡은 일을 하기에도 급급했다. 결국 헨리가 제안한 것은 차일피일 미뤄지고, 영영 실천되지 않았다.

몇 차례 이런 일이 반복되자 헨리는 배운 것을 실천에 옮기도록 만드는 일이 결코 쉽지 않다는 사실을 다시금 깨달았다. 하지만 그는 낙담하지 않았고, 계속하여 아는 것과 실천 사이의 틈을 메울 수 있는 방법을 찾기 위해 노력했다.

그는 대학을 방문해 교수들과 대화를 나누기도 했고, 기업의 교육 담당 이사들을 찾아가기도 했다. 혹은 여러 연구소의 프로그램 연구원들에게 교육 조언을 구하기도 했다. 물론 그들이 뾰족한 답을 주진 않았다. 그들 역시 헨리와 같은 고민을 하고 있었다.

'과연 해답을 찾을 수 있을까?'

헨리는 영영 해답을 찾지 못할까봐 두렵기도 했다.

그렇게 시간이 흐르던 어느 날 헨리는 〈포춘Fortune〉에 실린 박스기사를 보게 되었다. 전설적인 사업가 필립 머레이에 관한 기사였다. 헨리도 그의 명성은 익히 들어 알고 있었다. 그는 다수의 흑자 기업을 소유하고 있는 뛰어난 경영자였다.

하지만 헨리가 그의 기사를 보며 관심을 가진 것은 널리 알려진 기업가로서의 성공이 아니었다. 기사에는 인재개발 사업 분야에서 리더로서 활발한 활동을 펼치고 있다는 대목이었다. 소개된 이력만으로도 충분히 매력적이었을 뿐만 아니라, 필립 머레이가 개발한 교육 프로그램을 이수한 사람들의 논평은 더욱 흥미로웠다. 그들은 하나같이 필립 머레이의 교육 프로그램을 통해 자신의 행동이 변화되었고, 습관까지 바꿀 수 있었다고 말했다.

헨리의 눈이 번쩍 뜨이는 것 같았다. 헨리는 순간적으로 감격에 벅차 외쳤다.

"와! 이 사람들은 배운 지식을 실제로 활용했군!"

헨리는 하루 빨리 필립을 만나 이야기를 나누면 좋겠다고 생각했다.

다음 날 아침, 헨리는 웹사이트를 뒤져 필립 머레이의 사무실 전화번호를 알아냈다. 필립의 사무실은 운 좋게도 헨리의 집에서 한 시간 정도 거리에 위치하고 있었다.

캐서린이라고 자신을 소개한 중역 비서가 전화를 받았다. 헨리는 그녀에게 자신이 전화한 이유를 밝혔다. 그의 이야기를 가만히 듣고 있던 그녀가 난처한 듯 대답했다.

"이런 어쩌죠? 필립은 지금 휴가 중이세요. 가족들과 함께 여행을 갔습니다. 북부 캐롤라이나에 있는 별장에서 휴식을 즐기고 계시죠."

"아, 네……."

전화기 사이로 잠시 정적이 흘렀다. 캐서린이 뭔가 생각났다는 듯 다시 말했다.

"이렇게 하시는 건 어떨까요? 제가 그곳 연락처를 알려드리죠. 한 번 전화해보시겠어요?"

"네? 하지만 그분은 지금 휴가 중이신데……. 통화하고 싶은 마음이야 간절하지만 필립 씨의 휴가를 방해하고 싶진 않군요."

캐서린은 웃으면서 헨리를 안심시켰다.

"그런 걱정이라면 안 하셔도 됩니다. 필립은 일과 휴식을 따로 구분하지 않거든요. 그에게 일은 곧 놀이랍니다. 특히 남을 돕는 것을 무엇보다 즐긴답니다. 당신이 연락하면 분명 좋아하실 거예요."

잃어버린 고리

헨리는 필립 머레이의 연락처가 적힌 쪽지를 들여다보았다. 헨리의 머릿속에 여러 가지 생각이 떠다니고 있었다.

'캐서린이 괜찮다고는 했지만, 누가 휴가 중에 일과 관련된 전화를 받고 싶겠어? 휴가가 끝나기를 기다릴까? 하지만……, 너무 오랫동안 해답을 찾아다녔어. 더 이상 기다릴 수 없어.'

헨리는 생각 끝에 용기를 내어 필립에게 전화를 걸었다.

"여보세요."

전화기 너머로 온화한 목소리가 들려왔다. 헨리는 직감적으로 그가 필립이라는 것을 알 수 있었다.

헨리는 간단하게 자신을 소개했다.

"안녕하세요? 저는 작가로 활동하고 있는 헨리라고 합니다. 휴가 중에 불쑥 연락드려서 죄송합니다."

"아, 반갑습니다. 헨리 씨! 그 유명한 작가 헨리 씨군요. 저는 당신의 팬이에요. 헨리 씨가 쓴 책은 다 읽었답니다."

"네, 감사합니다. 머레이 씨"

"필립이라고 불러주세요. 그런데 어쩐 일로 제게 연락을 주셨나요?"

"네, 사실 궁금한 게 있어서 입니다. 그런데 쉬고 계신데 방해한 건 아닌지요? 사무실로 연락드렸더니 캐서린 씨가 걱정 말라고 하더군요."

헨리는 미안한 마음에 잠시 말을 멈추었다 다시 이었다.

"캐서린이 당신이 무척 친절하다고 말해주었습니다. 아무리 휴가 중이어도 몇 가지 질문을 받는 것에 대해서는 전혀 개의치 않으실 거라고 해서 실례를 무릅쓰고 연락드렸습니다."

"물론입니다. 반가워요!"

수화기 너머에서 따뜻하고 정감 어린 목소리가 들렸다. 헨리는 필립과 대화를 나눈 지 몇 초 지나지 않았는데도 마치 오래된 친구를 대하는 기분이 들었다.

그는 어쩌면 필립을 통해서 자신의 오랜 고민을 해결할 수 있을지도 모른다고 생각했다. 헨리는 필립에게 자신의 고민에 대해 자세하게 털어놓았다.

"아, 그렇군요. '잃어버린 고리'에 관한 고민이로군요!"

필립은 모든 것을 다 이해한다는 듯한 목소리로 계속 말을 이었다.

"저 역시 오랫동안 그 잃어버린 고리에 대해 관심을 가져왔습니다."

"잃어버린 고리라니요?"

헨리는 선뜻 이해가 가지 않아 되물었다. 필립은 당연하다는 듯 재빠르게 대답했다.

"그래요. 잃어버린 고리예요. 나는 책을 읽거나, CD를 듣거나, 강연회를 참석하는 등의 활동, 즉 학습을 하는 과정에서 결여되어 있는 것을 잃어버린 고리라고 부른답니다.

필립의 대답에 헨리는 그럴 듯하다고 생각하면서 바로 맞장구쳤다.

"아, 그렇군요. 정말 잃어버린 고리가 맞네요. 제가 찾고 싶은

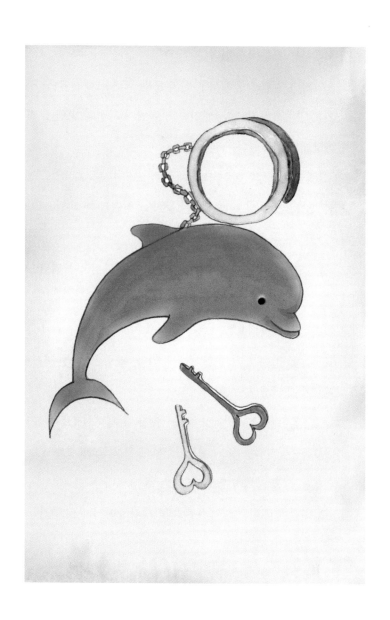

것도 바로 그 잃어버린 고리입니다."

이야기가 잘 풀려나갈 것 같은 생각에 헨리는 고민을 보다 구체적으로 설명했다.

"필립, 사람들은 제가 쓴 책을 좋아합니다. 그건 틀림없는 사실이지요. 그런데 이상하게도 사람들은 제 책에서 배운 내용을 실제로 활용하지 않아요. 그 어떤 지식이든 실생활에 적용하지 못하면 소용이 없잖습니까? 그래서 지금 저는 머리가 너무 아프답니다."

필립의 웃음소리가 수화기 너머에서 들려왔다. 헨리의 고민을 충분히 이해할 수 있다는 듯한, 동감 어린 웃음이었다.

실천하지 못하는
세 가지 이유

필립은 헨리에게 한 마디 한 마디 정성껏 설명해주었
다. 마치 노신사가 젊은이에게 자신의 경험담을 알려
주듯 그들의 대화는 진지했다.

"그래요, 쉽지 않아요. 배운 지식을 실제로 활용하기 위해서는
변화가 필요합니다. 그런데 그 변화라는 게 쉽게 찾아오지 않으
니까요."

"네, 그렇죠."

헨리가 맞장구를 쳤다. 필립은 계속 말을 이어갔다.

"사람들이 배우기를 싫어하고, 아는 것조차 잘 실천하지 않는
데는 세 가지 이유가 있습니다. 먼저 정보가 너무 많습니다."

헨리는 필립의 말에 놀란 듯했다.

"네? 정보가 부족해서가 아니라 많아서 문제라고요?"

"그래요. 많은 사람들이 착각하는 부분입니다. 자신이 실천하지 못하는 까닭이 정보가 부족해서라고 말이죠. 하지만 대부분의 사람들은 이미 충분히 많은 정보를 보유하고 있답니다. 그런데도 계속해서 정보를 모으는 거예요. 마치 정보 사냥꾼처럼 말이죠."

"정보 사냥꾼이라……. 일리가 있네요."

헨리는 고개를 끄덕였다. 전화기 너머로 필립의 목소리가 다시 들려왔다.

"현대인은 지식의 과다 복용으로 고생하고 있어요. 다들 새로 나온 책을 읽고, 새로운 CD를 듣고, 새로운 세미나에 참석하죠. 마음만 먹으면 언제든지 새로운 지식을 얻을 수 있습니다. 그런데 바로 여기에서 커다란 문제점이 발생하는 겁니다."

"네? 그게 무슨 말씀이시죠?"

"지식을 쉽게 얻기 때문에 정작 행동의 변화는 잘 일어나지 않는다는 의미예요."

"네, 그렇군요."

헨리는 그의 생각에 전적으로 동의했다.

"100퍼센트 동감합니다. 확실히 사람들은 아는 것을 실천하기보다는 새로운 지식을 알아내는 데에 더 큰 재미를 느끼는 것 같습니다. 그러다 보니 우리는 아무짝에도 쓸모없는 지식 중독자가 되어가는 것인지도 모르겠네요."

"그래요. 사실 지식을 활용하는 것보다 얻는 것이 더 쉽잖습니까? 하지만 아는 것을 실천하지 못하는 까닭은 단순히 정보의 과부하 때문만은 아니에요. 또 다른 이유가 있습니다."

필립은 잠시 목을 가다듬고는 두 번째 이유를 설명했다.

"놀랄 수도 있겠지만, 두 번째 이유는 사람들이 정보를 부정적인 잣대로만 걸러내기 때문입니다. 말 그대로 부정적으로 필터링하는 것이죠."

"정보를 부정적으로 걸러낸다니 그게 무슨 말씀인가요?"

"사람들의 머릿속에는 일종의 역기능 프로세스가 존재합니다. 다시 말해 고약한 방향으로 안 좋은 생각을 하게 만드는 것이죠. 역기능 프로세스가 강한 사람들은 무언가 긍정적인 것을 배울 때마다 그것을 억누르거나 막아버립니다. 심지어 자기 자신에게조차 부정적인 입장을 취하게 되죠. 사람들이 가지고 있는 이런 부정적 태도는 계속해서 행동을 가로막습니다."

"아, 항상 '아니야! 안 돼'라고 말하는 사람들 말인가요? 저는 그런 사람들이 가장 싫습니다."

헨리는 다소 냉소적인 어투로 대꾸했다.

"그래요. 저도 그다지 좋아하지 않습니다. 그런 사람들과 함께 있으면 기분이 썩 좋지 않아요. 더구나 그런 태도는 삶의 변화를 가로막아버리죠. 열린 자세로 배우지 못한다면 결코 지식과 실천 사이의 틈을 메울 수 없습니다."

전화기 사이로 잠시 정적이 흘렀다. 필립은 헨리에게 생각을 정리할 시간을 주는 듯했다.

"그러니까 지식을 얻기 쉽기 때문에 행동의 변화 대신 지식을 늘리는 데 힘쓰게 되고, 그런 뒤에는 각자 가지고 있는 부정적인 생각들로 인해 배운 것을 실천하지 못한다는 말씀이시죠?"

헨리의 정리가 마음에 들었는지 필립이 호탕하게 웃었다.

"정말 빨리 이해하시는군요."

"칭찬해주셔서 감사합니다. 이제 세 번째 이유를 말씀주시겠어요?"

"네, 그것은 계속 추구해나가려는 의지의 부족입니다. 쉬운 예를 하나 들어보겠습니다. 흡연이 나쁘다는 사실은 이미 많은 사람들이 알고 있습니다."

"네, 그렇죠."

헨리가 고개를 끄덕이며 대답했다.

"그럼 한 가지 더 묻겠습니다. 헨리 씨 주변에도 흡연자들이 많을 겁니다. 그리고 그들 대부분은 건강을 위해서 담배를 끊어야 한다는 것을 잘 알고 있겠죠?"

"물론입니다."

"그럼에도 대부분 담배를 끊지 못하고요?"

"네, 대개 그렇죠."

"왜 그럴까요? 사람들이 새해에는 반드시 금연하겠다고 선언했다가도 금방 포기하고 마는 까닭이 뭘까요?"

"글쎄요……. 새해마다 벌이는 일종의 이벤트가 아닐까요?"

헨리가 살짝 웃으며 필립의 말에 응수했다. 헨리의 말에 필립도 함께 웃고는 다시 목소리를 가다듬으며 말을 이었다.

"이유는 간단합니다. 우리의 삶 깊숙이에 습관이 배여 있기 때문입니다. 습관이나 행동을 바꾸기 위해서는 그야말로 엄청난 집중력과 의지가 필요한 법입니다. 하지만 보통 사람들이 강한 의지력을 갖기란 쉽지 않습니다. 대부분의 사람들은 필요성을 느끼더라도 집중하고 의지를 지키는 방법을 잘 몰라요. 물론 방법이 전혀 없는 것은 아니지만요."

"습관을 깨고, 행동을 변화시키겠다는 결심을 계속 지켜가는 방법을 모른다는 건가요?"

헨리는 필립의 말을 되받으면서 절레절레 고개를 저었다. 헨리는 왠지 더 난관에 봉착한 것 같은 기분마저 들었다. 그가 계속하여 말했다.

"지식과 실천의 틈을 메우는 것은 어렵기만 한 게 아니라 복잡하기까지 하군요."

헨리의 반응이 재미있다는 듯 필립은 조금 높은 톤으로 대꾸했다.

"엄밀히 말하면 그다지 복잡하지는 않습니다. 사람들이 아는 것을 행동으로 옮기지 않는 세 가지 이유를 완벽히 이해하면 모든 것이 명료해집니다. 그걸 알게 되면 당신은 사람들이 아는 것을 실천할 수 있도록 도울 수 있을 겁니다."

"그럴까요? 그런데 좀 전에 말씀하신 그 방법이 무엇인지 설명해주시겠어요?"

"그건 바로 반복하고, 반복하고, 또 반복하는 것입니다. 그게 바로 잃어버린 고리예요."

"네? 그러니까 아는 것과 실천 사이에서 잃어버린 고리가 '반복'이라는 건가요?"

헨리가 되물었다.

"네, 그렇습니다. 반복은 아는 것과 실천 사이에 있는 모든 장애물을 극복하게 만드는 열쇠지요."

그때였다. 수화기 너머에서 "할아버지!" 하고 부르는 어린아이의 목소리가 들려왔다. 헨리는 휴가 중인 필립을 자신이 너무 오래 붙들고 있었다는 사실을 깨달았다. 그는 아쉬운 마음을 추스르며 말했다.

"이런! 대화가 너무 흥미로워서 시간 가는 줄도 몰랐습니다. 더 이야기를 나누고 싶지만 더는 시간을 빼앗으면 안 될 것 같군요. 저 못지않게 필립 씨를 애타게 찾는 사람이 있는 것 같네요. 긴 시간을 내주어서 감사합니다."

필립이 애정이 깃든 목소리로 대답하였다.

"아닙니다. 저도 무척 즐거웠습니다. 하지만 오늘은 여기에서 마무리해야겠군요. 손자 녀석과 산책을 하기로 약속했거든요.

사람들이 실천하지 못하는

세 가지 이유

1. 정보의 과부하 (Information Overload)

2. 부정적 필터링 (Negative filtering)

3. 계속 추구해나가려는 의지의 부족

대신 이렇게 하는 게 어떨까요? 2주 후면 휴가가 끝납니다. 그때 직접 만나서 이야기하는 게 어떨까요? 반복의 중요성과 반복이 우리의 삶을 어떻게 개선해줄 수 있는지에 대해 보다 깊은 대화를 나눌 수 있을 거예요.”

헨리는 생각지도 못했던 제안에 무척 기뻐 들뜬 목소리로 말했다.

“아, 감사합니다. 그렇게만 해주신다면 더 바랄 게 없습니다. 제가 사무실로 연락해 캐서린과 약속을 잡겠습니다. 괜찮으시겠습니까?”

“물론이지요. 캐서린이 친절하게 안내해줄 겁니다. 그럼 다음 만날 날을 기다리겠습니다. 이만 끊겠습니다.”

“네, 감사합니다.”

두 사람은 한껏 고무된 마음으로 전화를 끊었다. 헨리는 ‘찰칵’ 하는 소리와 함께 필립이 전화를 끊은 것을 확인하고 자신도 수화기를 내려놓으며 생각에 잠겼다.

그는 지금까지 필립과 나눈 이야기만으로도 이미 많은 해답을 얻은 것 같았다. 우선 잃어버린 고리를 찾았으니, 이제 그 잃어버린 고리를 어떻게 하느냐만 남은 셈이라고 생각했다.

지식과 실천의
틈을 메워라!

- 책을 읽거나, CD를 듣거나, 강연회에 참석하는 등 많은 교육을 받지만 행동으로 옮겨 실천하는 사람은 많지 않다.

- 첫 번째 이유는, 지식을 너무 많이 흡수하고 있다는 것이다. 지식을 쉽게 얻기 때문에 행동의 변화가 잘 일어나지 않는다.

- 두 번째 이유는, 부정적 잣대로 걸러내는 마인드이다. 부정적 태도는 행동을 가로막는다.

- 세 번째 이유는, 실천하고자 하는 것을 이뤄내는 의지가 약하기 때문이다.

- 아는 것과 실천하는 것의 틈을 메우는 것은 반복이다.

Know Can Do

반복의 힘

반복,
반복 또 반복

 헨리는 약속한 2주 뒤 필립 머레이의 집으로 찾아
갔다. 세계적인 기업가의 집이라고는 생각하기 어
려울 만큼 소박하면서도 단아한 멋을 풍기는 공간이었다.

머레이의 서재로 안내받은 그는 창밖을 내다보았다. 집안의
단출한 풍경과 창문 밖 풍경이 근사하게 어우러져 한 폭의 풍경
화를 그려내고 있었다. 한눈에 들어오는 울퉁불퉁한 언덕으로
둘러싸인 깊고 푸른 계곡을 바라보며 마음을 가다듬고 있을 때
필립 머레이가 방문을 열고 들어왔다.

"헨리 씨, 반갑습니다! 저희 집에 와주셔서 감사합니다."

헨리와 필립은 악수를 한 뒤 간단하게 인사를 나누었다.

필립은 서재 한쪽에 놓인 작은 테이블에서 손수 커피를 준비해 헨리에게 권하고는 나지막한 목소리로 말을 꺼냈다.

"자, 그럼 이제 이야기를 시작해볼까요? 무슨 이야기부터 할까요?"

필립의 권유에 따라 헨리는 지난번 통화에서 채 듣지 못한 이야기를 꺼냈다.

"네, 그러겠습니다. 지난번에 사람들이 아는 것을 실천하지 않는 세 가지 이유에 대해 말씀해주셨지요. 그리고 그런 장애물을 뛰어넘기 위한 방법은 바로 반복이라고 말씀해주셨어요."

"네, 그랬지요. 그냥 반복이 아니라 '반복하고, 반복하고 또 반복해야 한다'고 했지요."

필립이 고개를 끄덕이며 다시 '반복'이라는 말을 강조했다.

"네, 그러셨어요. 말씀하신 반복하는 것에 대해 좀 더 자세히 설명해주시겠어요?"

"아, 정말 중요한 질문이군요. 제가 정말 말하고자 하는 것은 일정한 시간을 두고 주기적으로 반복(spaced repetition)하는 것입니다."

"주기적인 반복이라고요?"

헨리는 고개를 갸우뚱했다. 일정한 시간을 두고 주기적으로 반복한다는 것이 무엇인지 선뜻 이해하기가 어려웠다. 헨리는 궁금증이 가득한 표정으로 필립을 바라보았다. 필립은 온화하게 미소 지으며 대답했다.

"주기적인 반복이란 단번에 모든 것을 배우지 못할 때 흔히 사용되는 일반적인 학습기법입니다. 우리는 흔히 반복적으로 정보에 노출됩니다. 그러다 보면 먼저 습득한 정보는 묻혀버리지요. 그렇기 때문에 주기적인 반복이 필요한 겁니다."

"좀 더 자세히 설명해 주시겠어요?"

헨리는 흥미진진한 듯 필립 쪽으로 몸을 기울였다.

"어떤 사람들은 이 주기적인 반복을 두고 '행동 조정'이나 '내적 강화'라고 말하기도 합니다. 제 친구 존 해리슨은 '모든 기술의 어머니이자 변화의 영원한 어머니'라고 부르지요."

필립은 고개를 돌려 창밖을 응시하고는 다시 말을 이었다.

"음……. 한 가지 예를 들어볼까요. 누군가에게 정보를 전달해 그의 변화를 불러와야 한다고 가정해보지요. 당신은 그 정보를 반드시 그에게 전달해야만 하고, 계속해서 영향력을 미쳐야 합니다. 하지만 단 한 번의 정보 전달로 그의 행동이나 태도가 변

화할 것이라고는 기대할 수 없잖습니까? 때문에 계속 반복함으로써 변화를 유도할 수밖에 없습니다."

필립은 잠시 말을 멈추고 헨리를 바라보았다. 헨리는 이해하기 어렵다는 듯 골똘한 표정으로 필립의 말에 온전히 집중하고 있었다. 필립이 말을 이었다.

"다시 말해 지금 당장 그를 뒤돌아보게 만들지는 못해도 일정 시간이 지나면 돌아볼 수 있게 만들기 위해서 반복이 필요한 겁니다. 이런 반복의 명수들로 광고업자들을 들 수 있죠."

헨리는 광고라는 말에 그제야 감이 잡혔다. 자신 역시 무수하게 쏟아지는 광고 중에서 몇 차례 계속해서 봐온 물건을 사본 경험이 있었던 것이다. 헨리가 고개를 끄덕이며 생각하는 사이 필립이 다시 말을 이었다.

"광고에서 사용되는 반복은 '인상(impression)'이라고 부릅니다. 자신들이 무엇을 팔고 있는지 각인시키고, 그것을 사게끔 유도하기 위해 끊임없이 노출시키는 거지요."

필립은 헨리가 생각을 정리할 수 있도록 잠시 말을 멈췄다. 헨리는 창밖의 계곡 위로 높아 날아오르는 매를 보면서 고개를 끄덕였다.

"그래서 반복의 힘을 이해하는 광고업자가 결정적으로 이득을 얻게 되는 거군요."

헨리의 말에 필립이 미소를 지었다.

"한 차례 강한 인상을 남겼다고 해서 그 사람의 신념까지 변화시키지는 못합니다. 단 한 번의 호응으로 유권자를 투표소에 보내거나 자선단체에 기부하게 만들 수 없는 것과 마찬가지죠. 사람들에게 뭔가를 보게 하고, 느끼게 하고, 실천하게 만들기 위해서는 꾸준한 노력이 필요합니다. 중요한 메시지를 반복해서 보내야 의도한 결과를 얻을 수 있습니다."

헨리는 필립에게 잠시 양해를 구한 뒤 지금까지 필립과 이야기를 나누면서 정리한 노트를 찬찬히 읽어보았다. 머릿속에 떠돌아다니던 무수한 생각이 정리되는 듯했다.

필립은 창가에 서서 말없이 푸른 계곡을 응시하고 있었다.

너무 많은 정보!

 두 사람은 다시 마주 앉아 커피를 마시며 이야기를 시작했다.

"헨리, 이제 다시 이야기를 시작해도 될까요?"

필립은 헨리를 최대한 배려하며 물었다. 헨리는 고개를 끄덕이며 말문을 열었다.

"네, 물론입니다. 우선 제가 한 가지 묻겠습니다. 필립, 당신은 사람들이 아는 것을 실천하지 않는 가장 큰 이유가 정보가 너무 많기 때문이라고 했습니다."

헨리의 질문에 필립이 고개를 끄덕였다. 헨리가 다시 물었다.

"그래요. 말씀하신 것처럼 우리에게는 정보가 너무 많습니다.

그런데 당신이 말한 '주기적인 반복'이 어떻게 지식의 실천에 영향을 미친다는 건가요?"

"좋은 질문이에요! 정보의 과잉은 몇 가지 심각한 문제를 초래합니다. 너무 많은 정보에 휘둘리면 우리는 아무것도 하지 못한 채 옴짝달싹 하지 못하게 되죠."

"음……. 정보가 너무 많으면 아무것도 할 수 없다는 건가요? 듣기에도 괴롭군요."

헨리가 침통한 목소리로 말을 계속 이었다.

"사실 제가 그런 경험을 한 적이 있습니다."

"아, 그래요?"

"네, 최근 골프 스쿨에서 그런 일을 경험했습니다."

헨리는 그때 일이 생각나는지 양미간을 잠시 찡그리고는 다시 이야기를 시작했다.

"저는 골프를 그리 잘 치지 못합니다. 사실 정말 잘 치고 싶은데 아무리 연습을 해도 안 되더군요. 그래서 실력을 쌓기 위해서 3일 과정의 연수를 받았습니다."

"그렇군요. 연수는 어땠나요?

"안 좋았어요. 기대했던 것과는 정반대의 결과가 나왔으니까요. 저는 연수를 마친 뒤 실력이 더 나빠졌습니다."

다소 격양되어 있는 헨리를 달래며 필립이 말했다.

"모두가 연수 뒤에 실력이 좋아지는 건 아니죠. 그런데 왜 그런 결과가 나온 건가요?"

"연수를 받으면서 너무 많은 것을 배워버린 겁니다. 연수를 마친 뒤에 집으로 돌아와 골프를 치려니까 생각만 해도 끔찍하더군요. 배운 것을 분석하고, 적용하려고 하다 보니 아무것도 할 수가 없었습니다. 샷을 한 번 날리기도 전에 너무 많은 것에 신경을 쓰느라 아무 행동도 할 수 없었던 겁니다."

"무척 낙담했겠군요."

필립은 그의 심정을 이해한다는 듯 고개를 끄덕이며 말을 이었다.

"저도 비슷한 이야기를 들은 적이 있습니다. 수영을 배울 때 처음부터 너무 많은 기술을 배우면 물에 뜨기조차 힘들다고 하더군요. 먼저 물과 친해지는 게 중요하지요."

헨리는 다소 안정이 된 듯 다시 질문했다.

"네, 결국 너무 많은 정보는 결정을 내리고 움직이는 데 지장을 준다는 걸 잘 알겠습니다. 그런데 말이죠. 그렇다면 정보의 과잉이 실천을 막는 결과를 가져온다는 것을 알면서도 책을 읽고, 세미나에 참석하는 것 등이 의미가 있을까요?"

필립은 헨리의 말에 동조하지 않는다는 듯 고개를 천천히 내저었다. 그리고는 조심스레 말했다.

"책을 읽고 세미나에 참석하는 것 자체가 잘못된 일은 아닙니다. 책을 읽는 것은 근본적인 학습 방법이고, 우리에게 반드시 필요한 일이에요. 다만 우리가 새롭게 얻은 지식을 통합하고, 그것을 행동으로 옮기기 위해서는 어느 정도 시간이 필요합니다. 그런데 여유를 갖지 않고 계속해서 새로운 지식을 접하게 되면 문제가 생기는 거지요. 더구나 이런 식으로 계속 정보를 접하게 되면 머릿속이 뒤죽박죽 엉켜버리고 맙니다. 많은 사람들이 이런 이유로 정보의 바다에서 익사해버리는 거랍니다."

"네, 그렇군요. 그러면 어떻게 해야 할까요?"

헨리는 궁금증으로 가득 차 다급하게 물었다.

"당신의 질문에 질문으로 답하죠. 왜 물고기는 물 속에서 계속 헤엄치지만 익사하지 않는 걸까요? 익사할 만한 환경인데도 말입니다."

"재미있는 질문이군요."

헨리가 미소 지으며 잠시 생각하더니 답했다.

"물고기가 우리보다 더 영리해서일까요?"

헨리의 엉뚱한 대답에 두 사람은 서로를 보면서 잠시 웃었다.

"하하, 설마요. 절대 그럴 리는 없겠죠?"

필립이 호탕하게 웃으며 말을 계속했다.

"물고기가 익사하지 않는 건 물에서 사는 데 필요한 것만 취할수 있게 해주는 필터링 시스템을 가지고 있기 때문입니다. 마찬가지로 우리에게도 엄청난 양의 정보 중 필요한 것만 골라내고, 다룰 수 있는 유용한 방법이 분명히 있을 겁니다."

"혹시 초점에 관해 이야기하시는 건가요?"

헨리는 필립의 의도를 알 것 같다는 생각에 빠르게 질문했다.

"역시 빠르군요! 그래요. 우리가 일을 더 잘 수행하고 열정적으로 몰두하기 위해서는 무엇을 배울 것인지 결정해야 합니다."

"무슨 말씀인지 알 것 같습니다. 사실 초점을 맞추고 무엇을 배울 것인지를 결정하는 게 얼마나 중요한지를 알 기회도 있었거든요."

"그래요? 어떤 일이었는데요?"

헨리의 말에 필립은 관심을 보이며 적극적으로 물었다.

"네, 제 친구 데니도 저처럼 골프 연수를 받은 일이 있습니다. 물론 저와 다른 곳에서였죠. 그런데 연수를 마친 뒤 그 친구의 실력은 엄청나게 향상되었어요."

"그런 일이 있었군요. 그나저나 헨리, 당신의 기가 팍 죽었겠는걸요?"

"하하하……."

두 사람은 호탕하게 웃었다. 잠시 뒤 필립이 진지하게 물었다.

"그렇다면 헨리, 당신이 다닌 곳과 친구가 다닌 곳의 차이가 무엇이었을까요?"

헨리는 생각을 정리하고는 자신 있게 대답했다.

"그건, 지금 우리가 이야기하는 내용과 같습니다. 바로 '어디에 초점을 맞추느냐?'가 각각 달랐던 거지요. 제 친구가 다닌 골프 스쿨에서는 첫날 친구의 골프 스타일을 분석해주었다더군요. 강사는 비디오로 그가 골프를 치는 것을 찍고, 녹화된 영상을 함께 보면서 조목조목 분석해주고, 데니가 교육을 받는 동안 특별히 주의를 기울여야 할 서너 가지의 학습 목표를 설정해주었답니다. 그리고는 골프 스쿨을 졸업할 때까지 그 학습 목표 이외의 다른 것은 전혀 가르쳐주지도, 배우지도 않았다고 합니다.

저와는 판이하게 다른 방법이었던 거죠."

"그렇군요. 그런데 졸업이라고 했나요? 골프 스쿨이란 이름도 그렇고, 그냥 과정을 이수하는 게 아니라 졸업한다는 게 특이하군요. 혹시 졸업하는 데 필요한 조건이 있는 건가요?"

필립은 흥미롭다는 듯 조목조목 짚어가면서 물었다.

"네, 단순한 이수가 아니라 분명히 졸업이라고 했습니다. 제 친구가 다닌 골프 스쿨은 그랬다고 하더군요. 그곳에서는 졸업을 하기 위해선 반드시 학습 목표를 얼마나 성취했는지 점검을 받아야 한다고 합니다."

"그래요? 어떻게요?"

"네, 평가를 위해 총 10번의 샷을 친답니다. 물론 샷을 칠 때마다 점검을 받았고요. 결점이 있으면 다음 샷을 치기 전에 어떻게 교정해야 하는지 알려주고, 그걸 통과해야 했답니다."

"아, 그렇군요. 아주 좋은 방법인데요. 그곳의 강사들은 헨리 씨 친구가 배운 것을 활용할 수 있는지 확인했던 거네요. 배운 것을 완전하게 숙지하고 익히는 것은 아주 중요합니다. 그래서 웹스터 사전을 편찬한 다니엘 웹스터는 책을 두루 읽는 것보다 몇 권의 양서(良書)를 완전히 숙지하는 편이 더 좋다고 했지요."

"네, 그런 것 같습니다."

헨리도 수긍하면서 고개를 끄덕였다. 필립이 말을 이었다.

"무언가를 완전히 마스터하고 싶다면 자기 자신이 푹 젖어들 때까지 완전히 몰입해야만 합니다. 다시 말해 그 내용이 자기 몸의 일부가 될 수 있도록 천천히 씹어서 소화시켜야 해요."

헨리는 굉장히 중요한 교훈을 배웠다고 생각했다. 그는 찬찬히 생각을 정리했다. 그리고 필립을 바라보며 말을 이었다.

"아직 장담하기에는 이르지만 핵심을 파악한 것 같습니다. 더구나 필립, 당신은 이 문제에 대해서는 매우 분명한 태도를 취하고 계시는군요. 지금 제게 이야기해주는 방식 자체가 당신이 말한 '일정한 간격을 둔 주기적인 반복' 같은데요."

필립은 미소를 지으며 대답했다.

"그래요. 그 말이 맞습니다. 이미 느끼셨겠지만 우리의 정신구조는 스무 권의 책을 한 번씩 읽는 것보다, 일정한 간격을 두고 반복적으로 읽은 한 권의 책에 더 영향을 받게 마련입니다. 즉 철저하게 숙달된 적은 양의 지식에 더 많은 영향을 받는다는 말입니다."

"네, 무슨 말씀인지 잘 알겠습니다."

망각의 습관

헨리의 대답에 필립은 고개를 찬찬히 돌려 서가에 꽂힌 책을 쳐다보고는 다시 말을 이었다.

"그저 세미나에 한 번 참석하거나 한 권의 책을 한 번 읽는 습관은 새로운 정보를 접하는 데 그치는 것입니다. 결국 새로운 책을 읽고, 새로운 세미나에 참석하면 그 전에 읽은 책이나 참석한 세미나의 내용은 까맣게 지워지죠. 결국 망각의 습관을 형성하게 되는 겁니다. '알면서도 실천하지 않는 방법'을 훈련하는 것이나 다를 바 없는 것이지요. 우리가 정말 해야 할 일과는 정반대인 셈이에요."

"망각의 습관이라고요?"

헨리는 필립이 말한 내용 중 특히 망각의 습관이라는 말에 공감이 되었다. 문득 '어떤 것을 잊어버리는 것도 습관이 될 수 있을까?'라는 의문이 생겼고, 만약 그렇다면 일정한 간격을 둔 주기적인 반복을 통해 그 습관을 고칠 수 있을 것인가에 대한 의문이 생겼다. 헨리는 주저하지 않고 필립에게 물었다.

"망각의 습관에 대해 자세히 말씀해주시겠습니까? 저도 읽거나 들은 것을 곧잘 잊어버리거든요."

헨리의 질문에 필립은 당연하다는 듯 고개를 끄덕이며 대답했다.

"인간의 뇌는, 그러니까 당신이나 나를 포함한 모든 사람들의 뇌에서는 두 가지의 과정을 지속적으로 수행합니다. 하나는 새로운 것을 배우는 과정이고, 하나는 배운 지식을 잊어버리는 과정입니다. 뇌의 두 가지 중요한 기능이죠. 그러니 지식을 습득했다고 해도 반복해서 기억하고 활용하지 않으면 잊어버리는 기능을 통해 기억이 사라지게 되는 겁니다. 때문에 망각과 기억력에 있어서도 일정한 간격을 두고, 반복하여 집중하는 것이 중요합니다."

"그렇군요. 일리가 있는 말씀이세요."

헨리는 다시 확답을 구하듯 물었다.

"그럼, 결국 강연회에 단 한 번 참석하는 것은 그리 중요하지 않다는 말씀이시죠?"

"아니요, 그렇지 않습니다. 세미나에 참석하는 것은 중요한 일입니다. 아무것도 하지 않거나, 세미나에 전혀 참석하지 않는 것보다야 100배는 나은 일이죠. 하지만 각기 다른 주제의 세미나에 한 번씩 참석하는 것보다는 동일한 주제의 세미나에 여러 차례 참석하는 것이 훨씬 낫다는 말입니다."

"네, 무슨 말씀인지 알 것 같습니다."

"아, 그리고 세미나에 참석하면 반드시 필기를 해야 합니다. 그렇게 하면 망각의 과정을 피할 수 있습니다. 책도 마찬가지예요. 중요한 대목에 밑줄을 그으면서 읽으면 훨씬 효과적입니다. 떠오르는 생각들을 여백에 적어보는 것도 좋고요. 한 번 읽었다고 해서 내팽개치는 것은 그리 좋은 방법이 아닙니다."

"맞습니다. 필기를 하는 건 정말 중요한 일이에요."

헨리 역시 필기의 중요성을 알고 있기에 강의할 때마다 강조하던 얘기였다. 실제로 잊어버린 내용이 있다고 해도 필기를 잘해두면 나중에 노트에 적힌 내용을 읽어보며 기억을 되살릴 수 있었다. 헨리는 필립의 말에 더욱 적극적으로 동의를 표했고, 필립의 생각을 좀 더 듣고 싶어 다시 물었다.

"그런데 궁금한 게 있습니다. 말씀하신 요지는 똑같은 책을 두 번째 혹은 세 번째 읽을 때는 그 전과 다른 방식을 취하는 게 좋다는 것 같은데요. 제 말이 맞습니까?"

필립이 고개를 끄덕였다.

"네, 맞아요. 제 경우에는 중요하다고 생각되는 책은 평균적으로 네 번은 읽습니다. 물론 처음 읽을 때와 두 번째, 세 번째 읽을 때 방법을 달리하지요."

"우와, 네 번씩이나요! 정말 대단하시네요. 그런데 어떻게 다른 방법으로 읽는다는 건가요?"

헨리는 존경이 가득한 목소리로 감탄사를 내뱉었다. 필립이 다시 말을 이었다.

"대단하긴요. 헨리 씨도 필요한 책은 그렇게 읽지 않나요? 하여튼 저는 어떤 책이든 처음 읽을 때는 전체 내용을 이해하기 위해 처음부터 끝까지 쭉 읽습니다. 말 그대로 통독을 하죠. 두 번째 읽을 때는 주요 개념에 밑줄을 그으면서 읽습니다. 그리고 세 번째 읽을 때는 생각을 정리하면서 메모를 합니다. 그리고 마지막으로 네 번째 읽을 때에는 학습 파트너나 동료들과 함께 내용에 대해서 토론을 합니다."

헨리는 필립의 방식이 매우 효과적일 것이라고 생각했다. 하지만 풀리지 않는 물음이 있었다. 그때 필립이 주의를 환기시키려는 듯 '음……' 하며 목소리를 가다듬고는 다시 말했다.

"이렇게 책을 읽을 때도 역시 일정한 간격을 두고 반복하는 것이 중요합니다. 배우면서 깨달은 것을 잊지 않고 실천하기 위해서는 자신만의 전략이 필요합니다."

헨리는 필립의 말에 수긍했다. 하지만 여전히 뭔가 부족하다는 생각이 들었다. 헨리는 대화를 나누는 동안 정말 궁금했던 것을 묻기로 했다. 그가 조심스레 말을 꺼냈다.

"필립, 당신이 지금까지 말한 것을 모두 수긍할 수 있습니다. 하지만 여전히 가시지 않은 의문도 있습니다. 당신은 분명 사람들이 왜 아는 것을 실천하지 못하는지, 실천으로 옮기려면 어떻게 해야 하는지 잘 알고 있습니다. 그럼, 당신이 알고 있는 것이 모두 현실화되었어요? 그러니까 당신의 지식이 직원들의 훈련에 직접적으로 영향을 미치고 있나요?"

필립은 헨리의 질문에 그윽하게 미소를 지었다. 마치 이미 질문의 내용을 알고 있었다는 표정이었다. 필립은 기다렸다는 듯 대답했다.

"하하……. 충분히 가질 수 있는 의문이네요. 그런데 제가 대답해드리는 것보다 제가 우리 회사의 교육 담당 이사인 마이클을 소개해드릴게요. 그가 당신이 궁금해하는 것을 속 시원히 들려줄 겁니다."

"네?"

"제안한 것 그대로예요. 우리 회사 직원들의 훈련에 어떤 성과가 있는지 궁금한 것이니 그 분야를 담당하고 있는 마이클을 만나 대답을 듣는 게 제일 확실할 겁니다."

필립은 경쾌한 목소리로 말하고 활짝 웃어보였다.

"아, 네. 당장 그를 만나고 싶은데요. 가능하다면 말이죠."

"원한다면 가능할 겁니다. 아마 오늘 마이클이 연구소에 있을 거예요. 연구소는 여기서 멀지 않습니다. 여기에서 나가 큰 사거리에서 오른쪽으로 돌아 5마일 정도만 가면 왼편으로 하얀 건물이 있어요. 거기가 연구소랍니다. 제가 캐서린에게 마이클의 일정을 확인하고 약속을 잡아놓도록 연락을 해두겠습니다."

"아, 너무 감사합니다."

헨리는 필립을 향해 가볍게 목례를 하며 악수를 청했다. 필립 역시 환한 표정으로 그를 배웅했다. 필립이 헨리를 전송하며 상냥한 목소리로 말했다.

"마이클과 좋은 시간을 갖게 되길 빌어요. 그리고 우리는 다음 주에 다시 만나 함께 점심식사를 하는 게 어떨까요?"

"좋습니다. 그럼 다음 주에 다시 뵙도록 하겠습니다."

헨리는 밝은 표정으로 미소를 지어보이고는 한결 가벼워진 마음으로 필립이 말해준 연구소를 향해 차를 몰았다.

좀 더 적은 것을
좀 더 자주

 헨리는 필립이 안내해준 대로 잘 닦인 도로를 따라
10여 분을 달려 연구소에 도착했다.

안내데스크에서 캐서린을 찾으니 그녀가 직접 마중을 나왔다.
캐서린의 안내를 받으며 마이클의 사무실로 가는 동안 헨리는
필립의 집처럼 잘 정돈된 연구소의 분위기가 따뜻하면서도 깔
끔해 참 좋다고 생각했다.

마이클은 사무실의 책상에 앉아 다이어리에 무언가 정리하고
있었다. 그는 매우 점잖고 편안한 느낌을 풍기는 노신사였다. 오
랫동안 필립과 함께 일했다는 캐서린의 소개 때문인지 왠지 필
립과 비슷한 느낌이 나는 것 같기도 했다.

마이클은 헨리가 들어서자 기다렸다는 듯 환하고 반가운 미소를 지으며 말했다.

"반갑습니다. 헨리 씨! 이렇게 만나게 되어 무척 영광입니다. 이쪽으로 앉으세요."

마이클은 너무나 반갑게 맞이해주었기에 헨리는 자신이 귀빈이라도 된 듯한 기분을 느꼈다. 잠시 뒤 캐서린이 차를 준비해주었고, 두 사람의 대화가 본격적으로 시작되었다. 마이클이 호기심에 가득한 목소리로 먼저 물었다.

"필립에게 들었어요. 요즈음 두 분이 아는 것을 실천하는 것에 대해 이야기하고 있다고요?"

"네, 그렇습니다. 필립 씨에게 너무 많은 것을 배우고 있습니다. 유익한 말씀을 많이 해주셨어요."

"그렇군요. 필립은 그 분야에선 최고지요!"

"네, 필립은 아는 것과 실천 사이의 틈을 줄이는 방법에 관한 전문가시더군요. 사실 많은 사람들이 이런 문제로 애를 먹고 있는데다 저도 그럴 때가 많은데, 필립 덕분에 '좀 더 적은 것을, 좀 더 자주 배워야 한다'는 사실을 알게 되었습니다."

"맞아요. 좀 더 적은 것을, 좀 더 자주 배우는 것이야말로 아는 것을 실천으로 옮기는 데 필요한 핵심적인 메시지이죠."

"네, 그렇게 말씀하시더군요. 사실 제가 오늘 마이클 씨를 찾아온 것도 그것 때문이랍니다."

"네, 필립에게 들었어요."

마이클은 미소를 지으며 헨리를 바라본 뒤 말을 이었다.

"필립에게 들으신 대로 우리 회사의 인재개발, 양성, 훈련에 관한 모든 분야에서 그 원칙이 충실하게 지켜지고 있습니다."

헨리는 확신에 찬 마이클의 말을 들으며 그 효과가 더욱 궁금해졌다. 그는 지체하지 않고 단도직입적으로 물었다.

"마이클, 당신은 그 원칙에 대해 어떻게 평가하시죠? 정말 효과가 있나요?"

"물론입니다! 놀라울 정도지요!"

마이클은 힘주어 고개를 끄덕이며 잔뜩 고무된 목소리로 대답했다. 그가 좀 더 자세하게 설명했다.

"필립과 일하기 전에는 저 역시 다른 사람들과 다를 바 없이 교육 프로그램을 개발하는 사람이었습니다. 그야말로 전형적인 교육 담당 이사였죠. 저는 직원 교육에서 중요한 것이 사후교육이 아니라 새로운 경영 원리를 찾는 것이라고 생각했습니다. 당연히 그걸 찾기 위해 더 많은 노력을 기울였죠."

마이클은 찻잔을 들어 목을 축이고는 다시 말을 이었다.

"교육 담당 이사로 일하면서 저는 무척 많은 교육 프로그램을 개발했습니다. 제가 만든 교육은 늘 반응이 좋은 편이었기 때문에 저는 더욱 열심히 새로운 프로그램을 개발했어요. 한 차례 교육이 끝나고, 새로운 교육 과정을 만들기 위한 아이디어를 물색하는 일은 매우 흥미로운 일이었거든요. 하지만 제가 고안하고 실시한 교육 프로그램이 얼마나 효과를 거두고 있는지에 대해서는 별로 신경 쓰지 않았습니다. 제가 한 일이라고는 수강생들이 작성한 강의평가서를 훑어보는 것 정도였으니까요."

마이클은 당시를 회상하는 듯 잠시 말을 멈추고 책장에 놓여 있는 각종 상패들을 바라보고는 다시 말을 이었다.

"보시는 것처럼 제 강의는 아주 호응이 높았어요. 강의 평가에서도 아주 높은 등급을 받았지요. 그러니 저는 제가 만든 프로그램이 아주 유용하다고 철석같이 믿었습니다. 하지만 안타깝게도 실질적으로는 전혀 효과가 없었습니다. 직원들은 교육에서 배운 것을 실제로 적용하지 않았습니다. 그 사실을 알고는 엄청난 충격을 받았죠."

마이클의 거침없는 말에 헨리는 고개를 끄덕이며 동의를 표했다. 사실 그가 하는 말들은 그간 여러 기업에서 교육 담당자들이 했던 말과 일맥상통한 것이었다. 헨리는 마이클이 어떻게 그런 문제를 극복했는지 궁금해서 견딜 수가 없었다.

헨리는 마이클에게 재빨리 물었다.

"그러셨군요! 그럼, 그런 문제를 어떻게 해결하셨나요? 어떤 방식을 사용하셨죠?"

"하하, 역시 작가 선생님이라 궁금한 것도 많으시고, 상황 파악도 빠르시네요."

마이클은 사람 좋은 미소를 지으며 대답을 계속했다.

"헨리 씨, 당신이 필립에게서 배운 것을 나 역시 똑같이 배웠습니다. 좀 더 적은 것을, 좀 더 자주 배우는 것이 가장 효과적이라는 사실을 깨달은 거지요. 저와 교육 개발팀에서는 직원들이 반드시 알아야 하는 주요 개념에만 집중하기 시작했습니다."

"아, 그렇군요."

"우리 팀의 모토가 '일정한 간격을 둔 주기적인 반복'이 된 건 당연하고요. 교육 프로그램은 일회성에 그치지 않고 반복해서 가르치는 방향으로 계속 수정 고안되었습니다. 그런 식으로 직원들은 같은 내용을 여러 차례 교육받게 됩니다. 사고와 행동에 완전하게 배어들 때까지 말입니다."

헨리는 실제 기업에서 그런 방식이 적용되고, 또한 성과를 거둘 수 있다는 사실에 짐짓 놀랐다. 그는 잠시 생각한 뒤 정리하듯 말했다.

"그러니까 지금은 새로운 프로그램을 개발하기보다 교육 내용에 대한 사후 점검에 더 많은 노력과 시간을 투자한다는 말씀이군요."

"그렇습니다."

마이클은 활짝 웃으며 대답하고는 한 마디를 덧붙였다.

"새로운 교육 프로그램을 개발하고 시행하는 것보다 사후관리 프로그램에 더 많은 투자를 하다 보니 우리 회사 직원들은 다른 회사 직원들에 비해 높은 훈련 성취도를 나타냅니다. 이건 제가 확실히 보장합니다."

놀랍고 멋진 이야기였다. 하지만 헨리는 지금까지 너무 많은 문제를 봐왔기에 좀 더 확실히 알고 싶었다. 그는 조바심을 내며 그 사례를 좀 더 자세히 들려달라고 부탁했다.

"실제 사례를 좀 들려주실 수 있을까요?"

"물론입니다!"

마이클은 자신만만하게 대답하고는 몇 가지 예를 소개했다.

"몇 년 전 우리는 중대한 결정을 내렸습니다. 바로 서비스 역사에 한 획을 그을 만큼 전설적인 고객 서비스를 개발해보자는 것이었습니다. 우리는 단순히 고객을 만족시키는 것에서 끝나는 게 아니라 너무 감동해 쓰러질 정도의 서비스를 원했습니다!"

마이클은 상당히 들뜬 목소리로 헨리에게 물었다.

"헨리! 당신은 그런 훌륭한 서비스를 받아본 적이 있나요?"

"아니요. 친절한 서비스를 받은 적은 있지만 감동이 넘쳐 쓰러질 정도는 아니었던 것 같아요."

갑작스런 질문에 헨리는 재치있게 대답하고는 머리를 긁적였다. 두 사람은 서로를 마주보며 함께 웃었다.

마이클이 다시 말을 이었다.

"대부분의 사람들이 당신과 마찬가지일 겁니다. 하지만 우리 회사에서는 그런 서비스를 제공한답니다."

"정말인가요? 너무 기대되는걸요."

"그렇죠? 그런데 이런 서비스가 중요한 것은 고객을 최고로 대우해줌으로써 고객을 영업사원으로 만들기 때문입니다. 훌륭

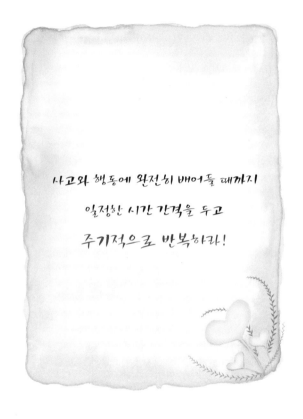

사고와 행동에 완전히 배어들 때까지

일정한 시간 간격을 두고

주기적으로 반복하라!

한 서비스를 받은 고객은 대개 감동이 고조된 상태가 되고, 그야 말로 자신이 왕이 된 듯한 기분을 느끼게 되죠. 그러면 자신이 느끼는 기분을 주변 사람들에게 자랑하고 싶어지고, 바로 그 순간 고객은 가장 훌륭한 영업사원이 됩니다. 예컨대 멋진 모델이 나오는 텔레비전 광고보다 이웃집 아주머니의 추천이 물건 구매에 더 많은 영향을 미치잖아요?"

"네, 그렇죠."

"마찬가집니다. 고객의 긍정적 한 마니 한 마디가 사람들에게 좋은 영향을 미치는 겁니다."

헨리는 고개를 끄덕였다. 자신이 봐도 입소문만큼 멋진 홍보 수단은 없는 것 같았다. 마이클이 계속 말을 이어갔다.

"하지만 그렇다고 이런 서비스가 한순간에 이뤄지는 것은 아 닙니다. 우리는 그걸 알았고, 끊임없는 노력이 필요하다고 생각 했습니다. 그래서 직원들을 아주 철저하게 훈련시켰어요."

"어떻게 철저하게 훈련하셨다는 거죠?"

마이클은 질문을 예상이라도 한 듯 곧바로 대답했다.

"바로 우리의 모토대로 적은 것을 자주 가르치고, 또 이런 과 정을 반복하고, 반복하고, 또 반복했습니다."

"그래서 얼마나 효과가 있었습니까?"

헨리가 한쪽 눈썹을 치켜올리며 물었다.

"놀라운 성과를 거뒀답니다. 고객 만족은 물론 직원들의 만족도도 모두 높아졌어요. 덕분에 지금도 직원 교육을 꾸준히 하면서 고객 서비스에 대한 아이디어를 업데이트 하고 있습니다."

마이클은 당당하면서도 밝은 음성으로 하나하나 설명했다.

"와! 대단하군요. 마이클, 당신의 이야기를 듣다 보니 최근에 참석했던 강연회가 생각납니다."

"강연회요? 무슨 일이 있었나보군요."

"네, 얼마 전에 어느 기업에서 초청 강연회 요청이 있어서 가게 되었습니다. 그런데 강연회장에 들어서자마자 저는 정신없이 웃고 말았답니다."

"왠지 흥미진진한걸요. 대체 무슨 일이 있었나요?"

"연단 뒤에 걸려 있던 커다란 현수막의 문구 때문이었죠."

"네? 뭐라고 적혀 있었는데요?"

"이렇게 적혀 있더군요. '올해는 고객의 해.' 그 문구를 읽는 순간 제 머릿속엔 '아니, 그럼 내년에는 고객을 위하지 않겠다는 건가?' 하는 생각이 떠올랐습니다. 사실 그 사람들도 모든 해가 고객을 위한 해가 되어야 한다는 걸 알고 있었을 텐데 그렇게 이벤트성 프로젝트를 형식적으로 수행한 겁니다."

헨리는 안타깝다는 듯 미간을 한번 찡긋하고는 다시 밝은 목소리로 말했다.

"필립과 당신의 프로젝트가 성공한 이유를 알 것 같습니다. 그 회사처럼 일회성 이벤트가 아니라 '일정한 간격을 둔 주기적인 반복'을 통해 추구하고자 하는 메시지를 더욱 강화했기 때문이로군요."

"맞습니다. 바로 그거예요."

마이클이 기쁜 듯이 무릎을 '탁' 치며 계속하여 말했다.

"고객 서비스에 대한 직원 교육을 지속적으로 실시하는 이유도 바로 그 때문입니다. 우리 회사에서는 직원 교육을 위해 '올해의 책'을 선정합니다. 다른 회사들은 보통 '이달의 책'을 선정하는 것과는 다른 방식이지요. 우리는 훌륭한 고객 서비스 철학을 담은 책을 몇 권 선정한 뒤 직원들이 여러 번 읽도록 독려합니다. 그리고 유용한 정보를 얻는 데서 그치지 않고 직접 적용하도록 유도합니다."

마이클은 물을 한 모금 마신 후 계속 이야기를 이어갔다.

"우리 회사에서는 또한 해마다 직원들을 대상으로 서비스 교육을 실시합니다. 지향하는 목표는 같지만 방식은 조금씩 다른 것으로 교육을 실시합니다. 물론 때때로 새로운 개념을 도입하기도 합니다. 하지만 그런 경우에도 반드시 전년도에 실시한 교육과 통합할 수 있도록 구성합니다."

"정말 철저하게 반복하고 적용하도록 관리하고 계시군요!"

헨리는 놀라움을 숨기지 않고 반응을 보였다. 마이클은 고개를 끄덕이고는 다시 말을 이었다.

"더욱이 우리는 직원들의 내부에서 긍정적인 마음가짐이 배어나올 때까지 고삐를 늦추지 않습니다. 긍정적인 마음가짐으로 고객들을 감동시키는 그날까지요. 그날이 되면 고객은 우리 회사의 열렬한 팬이 되지요."

"와, 정말 좋은 전략이군요!"

헨리의 칭찬에 마이클은 웃음을 터뜨렸다.

"하하, 그래요. 우리 회사에 비약적인 발전을 가져다줄 전략이죠. 우리는 직원들이 마치 자동조종장치를 켜고 비행하는 것처럼 자신의 일을 완벽하게 이해하기를 바랍니다. 그렇게만 된다면 그들은 정말 큰일을 해낼 수 있을 거예요."

"그건 무슨 뜻입니까?"

"음……. 혹시 자전거를 탈 줄 아십니까?"

"네. 어릴 적부터 줄곧 탔습니다."

"자전거를 탈 때 페달을 의식하면서 밟습니까? 그냥 자연스럽게 밟고 자전거를 타게 되지 않나요?"

"물론이지요. 마치 자전거와 제가 한 몸이 된 것처럼 느껴질 때가 많지요."

"바로 그런 겁니다. 그러니까 직원들이 고객 서비스 목표를 완전히 이해하고, 자신이 맡은 일을 완벽하게 마스터하게 되면, 그들은 굳이 업무 수칙을 신경 쓰지 않아도 자연스럽게 자신의 맡은 바 임무를 잘 수행할 수 있게 됩니다. 그렇게 되면 남은 건 딱 하나뿐입니다."

"정말 그럴 듯한걸요. 그럼, 그 남은 건 뭔가요?"

"기회를 기다리는 거지요. 고객의 마음에 감동의 한 방을 멋지게 날릴 때를 말입니다."

헨리는 고개를 크게 끄덕였다.

첫인상 책임자

 헨리는 언젠가 잡지에서 본 거장 피아니스트와의 인터뷰 기사가 떠올랐다. 기자가 어떻게 그토록 슬픈 곡을 잘 연주하실 수 있느냐며, 혹시 슬픈 기억을 떠올리며 연주하느냐고 물었다. 그러나 거장은 이렇게 말했다. "아무 생각도 하지 않습니다. 그저 손가락이 가는 대로 내버려둘 뿐이지요." 헨리는 기사를 읽으며 '이 피아니스트는 피아노 연주에 대해 완벽히 이해하고 있구나'라고 생각했었다.

잠시 뒤 헨리가 다시 마이클에게 물었다.

"혹시 말씀하신 것처럼 멋지게 기회를 포착한 일이 실제로 일어난 적이 있습니까?"

마이클이 흐뭇한 미소를 지으며 대답했다.

"물론 있었습니다. 본사 안내데스크에서 그런 멋진 일이 일어났답니다. 아시다시피 안내데스크는 내방객을 맞이하거나 전화 응대를 하는 곳 아닙니까? 우리 회사에서는 안내데스크를 담당하는 직원들 스스로가 자신을 '첫인상 책임자'라고 칭합니다. 고객들이 회사의 로비에 들어섰을 때 가장 먼저 마주대하게 되는 사람들이 자신들이기 때문에 책임감을 가지고 임하는 겁니다."

"정말 대단하군요."

헨리의 반응에 마이클은 적극적으로 동의하며 계속 설명했다.

"네, 정말로 멋진 직원들입니다. 그 직원들은 고객이 로비로 들어서거나 고객에게 걸려온 전화를 받는 순간, 어떻게 하면 고객의 욕구를 재빨리 파악하고, 잘 이해하여 친근하게 응대할지를 끊임없이 궁리합니다."

"당연한 일이지만 쉬운 일은 아니지 않습니까?"

헨리는 의구심이 든다는 듯 다시 물었다. 마이클은 천천히 머리카락을 쓸어넘기고는 다시 말을 이었다.

"그렇습니다. 끊임없는 연습과 반복적인 교육이 있었기 때문에 직원들 스스로가 그렇게 습관을 고친 겁니다. 우리는 서비스 교육을 진행하면서 안내데스크 직원들에게 '착신 램프가 깜빡거리면 마음을 가라앉히고 또 한 번의 기회가 찾아왔구나' 하고 생각하라고 끊임없이 말했습니다. 특히 고객이 불만사항을 가지고 전화했을 때는 더더욱 중요한 기회라는 사실을 알려주었답니다."

"음……. 서비스 기회라는 건 무슨 뜻인가요?"

헨리가 궁금증을 참지 못하고 질문을 던졌다. 마이클은 헨리를 향해 미소를 짓고는 다시 말을 이었다.

"자, 제 이야기를 마저 들으시면 무슨 뜻인지 아실 겁니다."

마이클은 무언가 생각났다는 듯 눈빛을 빛내며 말했다.

"정말 좋은 예가 있습니다. 지난주에 저는 우리의 첫인상 책임자 중 한 명인 스테파니와 이야기를 나누게 되었습니다. 그녀는 저를 보면서 너무나 즐겁다는 듯 활짝 미소를 짓더군요. 저는 그녀에게 뭐가 그리 즐거운지 물었습니다. 아니나 다를까 그녀는 '마이클, 당신에게 들려줄 멋진 이야기가 있답니다!'라고 말하더군요. 사연을 들어보니 그녀가 전날 전화를 한 통 받았답니다. 그녀는 여느 때와 다름없이 마음을 가다듬고 수화기를 들었지요. 그런데 상대편 남자가 냅다 고함을 질렀다더군요."

마이클은 잠시 말을 멈추고 긴장감을 불러일으키는 듯이 호흡을 가다듬었다. 헨리 역시 잔뜩 호기심 어린 표정으로 그가 다시 입을 열기를 기다렸다.

　"전화를 건 남자는 스테파니에게 '내가 당신 생애 최악의 악몽이 되어주지!'라고 겁을 주더랍니다. 그야말로 살벌한 전화였지요. 그런데 스테파니가 어떻게 했는 줄 아십니까?"

　마이클은 긴장의 고삐를 늦추지 않고 잽싸게 말을 이었다.

　"스테파니는 이건 기회다 생각하고 그 기회를 놓치지 않고 되물었답니다. '에릭, 당신이에요?' 당황한 건 오히려 남자였지요. '뭐? 에릭이 누구야?' 하고 소리치자 스테파니도 똑같이 소리쳤지요. '내 전 남편이요!'라고 말입니다."

　마이클은 마치 자신이 그 자리에 있었던 것처럼 어깨를 들썩이며 웃었다. 헨리도 큰소리로 따라 웃었다.

　"스테파니의 임기응변에 조금 전까지 고래고래 고함을 치고, 화를 내던 남자의 분노가 일순간 사라진 듯했다더군요. 오히려 그 남자는 스테파니에게 자신에게도 악몽 같은 전처가 있었다는 이야기까지 하더랍니다. 그 다음 상황은 어떻게 되었을지 상상이 되시겠죠?"

"음……."

마이클은 헨리의 대답을 기다리지 않고, 바로 답을 말했다.

"예상했겠지만 스테파니와 그 남자 고객은 둘도 없는 친구가 되었답니다. 참 멋진 직원이고, 멋진 사례 아닌가요?"

마이클은 스테파니가 자랑스럽다는 듯 어깨를 으쓱하며 말했다. 헨리 역시 배짱과 재치가 뛰어난 직원이라고 생각하며 응수했다.

"와, 재치가 굉장히 뛰어난 직원이네요."

"네, 저도 깜짝 놀랐습니다. 그런데 더 중요한 건 그녀가 그 순간에 그런 재치 있는 생각을 떠올릴 수 있었던 까닭이, '모든 전화가 서비스의 기회'라고 생각한 이후부터 점점 창의적인 생각을 할 수 있게 되었기 때문이라는 점입니다. 스테파니는 그런 생각으로 자기 스스로 좀 더 많은 생각을 하게 되고, 또 그걸 실행하게 되었다고 하더군요. 그러다 보니 남자가 고함을 지르는 순간 자연스럽게 전 남편 생각이 퍼뜩 떠올랐다고 하더군요."

헨리가 고개를 끄덕였다.

"무슨 말씀인지 이해가 갑니다. 필립이 제게 말해준 두 가지 원칙, 그러니까 '좀 더 적은 것을, 좀 더 자주'와 '일정한 간격을 둔 주기적인 반복'을 통해서 업무를 마스터하고 나면 어느 순간 창의성을 발휘할 수 있게 된다는 말씀인 거죠?"

"하하, 역시 훌륭한 작가님이라 제 이야기의 핵심을 정확히 이해하셨군요. 어떻습니까? 제 이야기가 도움이 되었습니까?"

"물론입니다. 당신의 이야기를 듣고 보니 희망이 생깁니다. 저는 한동안 지식을 전달하는 데 있어서 회의적인 생각이 많이 들었거든요. 지식이란 결국 실천하지 않으면 잘난 체 하는 것 말고는 아무 쓸모가 없는 것 아니겠습니까?"

헨리가 힘주어 말하자 마이클도 동의한다는 듯 가볍게 고개를 끄덕였다. 곧이어 마이클이 정리하듯 말했다.

"헨리 씨의 고민이 잘 해결되어 많은 사람들에게 도움이 되었으면 좋겠군요. 그럼, 우리의 대화는 이쯤에서 정리할까요?"

"네, 오늘 좋은 말씀 너무 감사합니다."

헨리는 마이클에게 악수를 청하며 감사 인사를 전했다. 마이클의 사무실을 나오며 시계를 들여다보니 어느새 정오가 지나 있었다. 그와 이야기하는 게 너무 즐거워서 시간 가는 줄도 몰랐던 것이다.

헨리는 연구소 건물을 빠져나와 계곡 아래의 산책길을 걸었

다. 그는 자신이 이미 많은 것을 배웠다는 사실을 깨달았다. 그리고 조만간 친구가 다녔던 골프 스쿨에 등록해야겠다고 결심했다. 그 골프 스쿨의 교육 방식은 지금까지 필립과 마이클을 만나 배운 것과 일맥상통한다고 판단했기 때문이었다.

헨리는 나무를 기대고 앉아 눈을 지그시 감았다. 필립, 그리고 마이클과 함께한 따뜻한 감동이 전해져왔다. 그는 노트를 꺼내 오늘 배운 귀한 가르침들을 잠시 정리했다.

사람들이 자신의 노하우를 실행에 옮기지 않는
첫 번째 이유 :

정보의 과부하

- 한 번 읽거나 들은 내용은 단지 일부만 기억에 남는다.

- 따라서 우리는 많은 정보를 얻는 데 치중할 것이 아니라 적은 정보라도 더 자주 반복하면서 읽고 배워야 한다.

- 무언가 마스터하기 위해서는 소수의 중요 개념에만 초점을 맞추어 여러 번 반복함으로써 그 생각이나 기술을 깊이 파고들어야 한다. 일정한 간격을 둔 주기적인 반복이 바로 열쇠이다.

- 사람들은 일단 자신의 업무에 숙달되면, 훨씬 더 창의력을 발휘하여 큰일을 해낼 수 있다.

chapter**3**

긍정의 힘

무조건적인 사랑

 약속한 일주일 뒤 헨리는 다시 필립의 집을 방문
했다. 점심을 함께하기로 했기에 헨리는 식사 뒤
에 나눌 만한 인도산 차를 한 통 준비해갔다.

필립은 손수 현관으로 나와 헨리를 반갑게 맞았다. 그가 밝은
목소리로 물었다.

"바로 식당으로 안내해도 되겠지요?"

"물론입니다."

집안의 다른 곳과 마찬가지로 식당 역시 단아하게 정돈되어
있었다. 식탁에는 이미 연어와 라이스 필라프를 곁들인 훌륭한
점심식사가 차려져 있었다.

필립과 헨리는 자리에 앉았다. 필립이 식사를 권하며 헨리에게 물었다.

"지난번 마이클을 만나서 원하는 정보를 얻으셨습니까?"

"예, 덕분에 아주 많은 것을 듣고, 배울 수 있었습니다. 잊지 않으려고 메모도 잘 해두었습니다. 말씀해주신 것처럼 배운 것을 정리하고, 일정한 간격을 두고 반복해서 검토하는 것의 중요성을 깨닫고 이를 실천하기 시작한 겁니다."

"하하, 정말 대단하군요. 그런 자세가 정말 중요한 것이죠. 혹시 노트를 가지고 있다면 한 번 볼 수 있을까요?"

헨리는 가방에서 노트를 꺼내 필립에게 건넸다. 필립은 노트를 천천히 읽더니 얼굴에 미소를 띠우며 말했다.

"헨리, 당신은 정말 배우는 속도가 빠르군요! 바로 이겁니다. 이렇게 정리하고 반복적으로 학습하는 것이 중요합니다. 실천하는 것이야말로 제대로 지식을 얻은 것이라고 할 수 있는 법입니다."

헨리는 필립의 칭찬에 기분이 좋았다. 그는 이제 자신이 새로운 것을 배울 준비가 되어 있다고 생각했다. 헨리가 필립에게 말했다.

"도와주신 덕분에 지식과 실천 사이에 존재하는 '잃어버린 고리'를 찾는 방법을 이해했습니다. 지식이 완전히 내 것이 될 때까지 끊임없이 집중하고, 반복하는 것입니다. 이제, 두 번째 원인에 대해 알고 싶습니다. 처음에 통화할 때 말씀해주셨던 걸 다시 생각해보면 사람들의 부정적인 생각과 관련이 있다고 하셨는데요."

헨리의 적극적인 태도가 마음에 들었는지 필립은 아무 말 없이 고개를 끄덕이고는 나이프로 연어를 한 조각 잘라 우물거리며 맛있게 먹었다. 잠시 뒤 필립이 말을 꺼냈다.

"헨리, 당신과 이야기를 나누는 게 참 즐겁습니다. 이렇게 이해가 빠르고 기억력이 좋은 분은 드문데 말입니다. 당신의 말이 맞습니다. 나는 지식을 제대로 실천하지 못하는 두 번째 이유가 사람들이 종종 부정적인 사고에 사로잡히기 때문이라고 생각합니다."

필립은 물을 한 모금 마시고는 다시 말을 이었다.

"부정적인 생각을 하게 되면 마음속에 부적절한 필터링 시스템이 생깁니다. 다시 말해 외부에서 들어오는 정보를 모두 부정적으로 받아들이게 만드는 거죠."

필립은 잠시 헨리를 지그시 응시하고는 물었다.

"헨리, 한 가지 묻겠습니다. 당신은 긍정적인 사고가 부정적인 사고보다 강력하다고 생각하나요?"

"물론입니다. 긍정적 사고의 힘이 훨씬 크죠."

필립의 물음에 헨리는 지체하지 않고 곧바로 대답했다. 사실 헨리는 그 누구보다 더 긍정적인 사고의 힘을 믿었다. 필립은 다시 질문했다.

"그렇다면 말입니다. 그건 선택의 문제라고 보십니까? 즉 우리는 긍정적인 사고와 부정적인 사고 사이에서 선택을 하게 되는 걸까요?"

"물론 자신이 선택하는 거죠."

헨리는 이번에도 자신 있게 대답했다. 그러나 필립은 헨리의 대답이 마땅찮은지 계속해서 질문했다.

"그럼 왜 대부분의 사람들은 긍정적인 사고를 택하지 않고, 부정적인 사고 쪽을 택하는 것일까요?"

필립은 예상치 못한 질문을 던졌다. 헨리도 이번 질문에는 쉽게 대답할 수가 없었다. 그는 식탁 위에 놓인 유리컵을 들고는 물을 마시려다 말고 한참동안 곰곰이 생각했다.

'확실히 긍정적인 사고는 사람들의 잠재력을 끌어내주고, 그들이 쉽사리 포기하지 않도록 동기를 부여해주는데도 사람들은 곧잘 부정적인 태도를 보인다. 왜 그럴까?'

헨리는 마음속으로 그 답을 찾기 위해 깊이 생각했다. 잠시 뒤 헨리가 입을 열었다.

"그 말씀을 듣고 보니 사람들의 머릿속에는 긍정적인 사고보다 부정적인 사고가 우세한 것 같군요. 질문하시는 걸 보면 필립, 당신은 그 이유를 알고 계시는 것 같아요. 그 이유를 말씀해 주시겠어요?"

필립은 포크를 내려놓으며 말했다.

"그래요. 우리들 대부분이 부정적인 사고의 지배를 받게 되는 건 우리의 사고방식이 그런 식으로 굳어져 있기 때문입니다. 부정적 사고가 프로그래밍되어 있다고 할까요?"

헨리는 필립의 말이 선뜻 이해가 되지 않았다. 그는 다시 질문했다.

"잘 이해가 안 되는데요. 말씀하신 게 무슨 뜻인가요?"

필립은 기다렸다는 듯 설명을 시작했다.

"인간이 처음 세상에 태어나서 자기 힘으로는 아무것도 할 수가 없습니다. 갓난아이가 할 수 있는 일이란 고작 소리쳐 우는 것 정도겠지요."

"네, 그렇죠."

"그렇습니다. 배가 고플 때도, 아플 때도, 잠이 올 때도 스스로 할 수 있는 것은 아무것도 없습니다. 갓난아기는 전적으로 부모에게 의존합니다. 게다가 아무것도 선택할 수 없지요. 누가 부모가 될지, 어떤 환경에서 살게 될지 등 선택할 수 있는 것이 없습니다. 그런데 말입니다. 사람은 원래 '무조건적인 사랑'을 추구하는 존재거든요."

"네? 무슨 말씀인지 잘 모르겠군요. 말씀하신 것과 부정적 사고가 무슨 관련이 있는 건가요?"

헨리는 필립이 철학적인 이야기를 하고 있다는 생각이 들었다. 부정적인 사고와 무조건적인 사랑이 어떤 연관성이 있는지 헨리는 궁금했다. 필립은 이에 대해서 자세히 설명하기 위해 말을 이었다.

"제 이야기를 좀 더 들어보시겠어요? 제가 사람들이 무조건적인 사랑을 추구하는 존재라고 이야기했지요? 사실 우리들은 누구나 자신의 행동이나 말에 따라 조건부로 사랑받는 것을 원하진 않습니다. 있는 그대로의 자신을 사랑해주기를 바라지요. 하지만 불행하게도 나 자신은 물론이고, 우리 주변의 사람들, 그러니까 부모님이나 선생님, 혹은 이웃들은 그런 무조건적인 사랑을 받아본 적이 없습니다. 그러다 보니 당연히 다른 사람들에게 무조건적인 사랑을 나눠주는 것을 매우 어려워합니다. 그들은 상대의 행동에 따라 조건부의 사랑을 줍니다. 그건 부모님도 별반 다르지 않습니다."

헨리는 여전히 미궁 속을 헤매는 듯한 기분으로 필립의 목소리에 계속 귀 기울였다.

"자, 그러니 어떻게 되겠습니까? 우리는 부모님이나 선생님처럼 우리에게 사랑을 주는 사람들의 마음에 들기 위해 끊임없이 노력하게 됩니다."

헨리는 여전히 이해하기 힘들었다. 그는 다시 물었다.

"여전히 이해하기 어렵네요. 대체 그런 사실이 부정적인 사고와 어떤 관련이 있는 건가요?"

필립은 대답 대신 온화한 목소리로 헨리에게 다시 물었다.

"혹시 어린 시절 부모님에게 칭찬받기 위해 일부러 어떤 행동을 하거나 한 적이 있지 않나요?"

헨리는 문득 어린 시절의 기억이 몇 가지 떠올랐다.

"아, 있습니다! 아마 제가 처음 스스로 단추를 채운 뒤에 어머니께 아주 많이 칭찬을 받았던 것 같습니다. 그 뒤 한동안은 단추가 있는 옷만 고집했습니다. 단추가 없는 옷은 절대로 안 입겠다고 떼를 썼죠. 그리고 어머니가 다시 칭찬을 해주실 때까지 몇 번이고 단추를 풀었다 채웠다 했었답니다. 혹시 이런 걸 말씀하시는 건가요?"

"맞아요. 그겁니다. 사람들은 누구나 그런 경험을 가지고 있습니다. 어린 시절에는 대부분 무언가를 성취함으로써 부모님의 주의를 끌려고 애쓰게 되죠. 모두 칭찬을 받거나 인정을 받기 위해서 말입니다. 하지만 항상 칭찬을 받게 되는 건 아니지 않습니까? 왜냐하면 부모님도 역시 사람이기 때문에 긍정적인 면보다는 부정적인 면을 강조하는 경향이 있기 때문입니다."

필립은 헨리에게 빵을 권하며 계속 말을 이었다.

"예컨대 부모님들은 아이가 얌전히 말을 잘 들으면 그것을 당연한 일이라고 생각할 뿐 그에 대해선 아무 말도 하지 않습니다. 하지만 뭔가 잘못을 저지르면 당장 달려와서 꾸짖죠."

"네, 그렇죠. 하지만 아이들이 빗나갔을 때 바로잡아주는 것이 부모의 역할 아닌가요?"

헨리는 필립의 말에 반대 의견을 밝혔다. 필립은 고개를 끄덕이며 좀 더 자세하게 설명하기 시작했다.

"물론입니다. 부모가 아이의 잘못된 부분을 지적하고 바로잡아주는 것도 매우 중요한 일이지요. 하지만 더 중요한 것은 그럴 때도 반드시 긍정적인 강화가 함께 이루어져야 한다는 사실입니다. 잘한 일이 있는데 그것을 부모가 알아주지 않으면 아이는 스스로의 가치에 대해 의심하게 됩니다. 이는 인간관계에도 영향을 미치게 되어 다른 사람들을 불신하게 만들죠. 자신을 몰라주는 사람을 신뢰하기란 어려운 일이지 않습니까?"

필립은 지금까지와는 달리 다소 강하고 정확한 어조로 설명을 계속했다.

"이렇게 되면 결국 아이는 자신을 보호하기 위해 방어기제를 만들게 됩니다. 다시 말해 심리 상태가 부정적인 사고에 의해 지배되는 것입니다. 그리고 바로 이때부터 사람들은 자신에게 일어나는 모든 일을 부정적으로 해석하게 되는 것입니다."

"그 말씀은 마음의 문을 닫아버린다는 건가요?"

"바로 그겁니다. 그로 인해 매사를 부정적이고 비판인 태도

로 대하고, 그에 따른 두려움 때문에 판단력이 흐려지죠.”

필립의 말에 헨리는 무언가 생각났다는 듯 나지막한 목소리로 중얼거리듯 말했다.

“그렇군요. 그런 의미에서 본다면 저희 부모님은 아주 훌륭하신 분들인 것 같네요. 적어도 잘못만 지적하는 분들은 아니셨거든요.”

필립이 헨리를 바라보며 미소 짓고는 물었다.

“헨리, 그렇다면 당신은 매우 긍정적인 사람이겠군요.”

“하하, 그런 편입니다.”

헨리가 쑥스러운 표정을 지으며 대답했고, 필립은 더욱 따뜻한 표정으로 그를 바라보았다.

한 사람의 격려

헨리와 필립의 대화는 계속 이어졌다. 헨리가 먼저 자신의 이야기를 꺼냈다.

"말씀드린 대로 제가 긍정적인 사람이긴 하지만 저 역시 제 자신에 대한 의심과 두려움을 가지고 있습니다."

"그렇군요. 그런 의심과 두려움은 어디에서 비롯되었나요? 혹시 기억하고 있나요?"

필립이 헨리를 빤히 쳐다보며 물었다. 헨리는 잠시 생각에 빠진 듯했다. 잠시 뒤 헨리가 입을 열었다.

"음……. 제 생각에는 학창시절에 생긴 게 아닌가 싶습니다. 사실 저는 공부를 잘하는 아이가 아니었습니다. 수업을 잘 따라 가지 못했답니다. 그러다 보니 학교생활이 재미가 없었습니다. 지루하고 짜증도 났습니다. 하루하루 학교에 가고 책상 앞에 앉아 있는 것 자체가 아주 고역스러운 일이었죠. 더군다나 책 읽기 시간은 지금 생각해도 끔찍하네요."

"책 읽는 시간이 끔찍했다니 의외인걸요."

"왜냐하면 소리 내서 책 읽는 것에 자신이 없었기 때문입니다. 저는 반 친구들 앞에서 더듬더듬 책을 읽는 게 너무 창피했어요. 특히 단어를 잘못 발음했을 때는 쥐구멍에라도 숨고 싶은 심정이었습니다."

"이런, 정말 고역스러웠겠군요. 그런데 지금의 당신을 보면 어린 시절에 책을 잘 읽지 못했다는 게 아주 흥미롭습니다. 그런데 어떻게 작가가 되셨나요?"

필립은 호기심 가득한 눈망울로 헨리를 바라보며 물었다. 헨리는 당시를 상기하듯 짧게 숨을 내쉬고는 대답했다.

"그 과정은 그야말로 한 편의 소설 같은 일이었습니다. 저는 읽기뿐 아니라 작문에도 소질이 없었습니다. 그런데 정말 재미있는 일이 벌어졌습니다."

"무슨 일이 생겼는데요?"

"대학생 시절, 우연한 기회에 저희 과의 주임교수님이 강의하시는 리더십 과정을 청강하게 되었습니다. 관심 있는 분야여서 청강생으로라도 듣고 싶었죠. 그런데 그 사실을 아신 교수님께서 정식 수강을 하라고 적극적으로 권유하셨습니다. 그러면 시험도 봐야 하고 과제물도 작성해야 하는 터라 부담스러웠지만 결국 교수님의 권유대로 정식 수강을 했죠."

"그 이후에는 어떻게 되었나요?"

"네, 결론적으로 보면 교수님의 판단이 옳았습니다. 책임감을 가지고 수업을 듣게 되면서 저는 정말 많은 것을 배울 수 있었습니다. 그리고 결국 제게 중요한 기회를 가져다주었죠."

"기회라고요? 어떤 기회였나요?"

필립이 애정이 가득 담긴 목소리로 물었다.

"학기가 끝날 무렵 교수님께서 저를 부르셨습니다. 교수님께서는 교재를 함께 만들어보자고 제안하셨습니다. 연유를 몰라 주춤하는데 교수님께서 말씀하시더군요. '내가 10여 년간 리더십 강의를 해왔다는 건 자네도 알 거야. 교재를 한 권 만들어야 겠다는 필요성은 오랫동안 느꼈는데 내가 글재주가 없어서 말일세. 자네가 제출한 리포트를 보니 글 솜씨가 좋더군. 어떤가?

자네가 도와준다면 잘될 것 같은데 말일세'라고 하셨지요."

"와, 교수님께서 헨리의 숨은 재능을 알아보신 거군요."

필립의 말에 헨리가 방긋 웃었다. 필립 역시 활짝 웃어보였다. 잠시 뒤 헨리가 다시 말을 이었다.

"그런 것 같습니다. 저도 모르고 있던 재능을 찾아주신 겁니다. 교수님은 저와 함께라면 멋진 팀을 이루게 될 거라고 말씀하셨습니다. 제가 처음으로 글 솜씨를 칭찬받은 겁니다. 저는 교수님의 제안을 받아들였고, 책을 한 권 펴냈습니다. 그리고 그 책은 지금까지 리더십 교재로 활용되고 있습니다."

"정말 대단하군요. 그러니까 오늘 우리가 당신의 책을 읽을 수 있는 건 모두 그 교수님 덕분이군요. 당신을 작가가 될 수 있게 이끌어준 그 교수님께 감사해야겠습니다."

필립이 아주 감격스러운 목소리로 말하자 헨리는 잠깐 얼굴을 붉혔다. 그는 조금 수줍은 목소리로 답했다.

"네, 그런 셈입니다. 일단 책을 한 번 쓰고 나자 사람들은 저를 '글 잘 쓰는 사람'으로 인식하더군요. 이 일이 물꼬가 되어 비슷한 기회가 연이어 생겼습니다. 저는 학창시절에 들었던 부정적인 평가가 잘못된 것이 아닐까 생각하게 되었고, 결국 그것이 완전히 잘못된 평가라는 확신을 가지게 되었습니다. 그렇게 어느 순간 베스트셀러 작가가 되었습니다."

"정말 소설 같은 이야기인걸요. 대단합니다. 그런데 당신이 가지고 있던 부정적인 사고방식을 완전히 극복하는 데 오랜 시간이 걸리지 않았나요?"

"네, 그랬습니다. 말씀드린 것처럼 처음에 교수님이 제 글 솜씨를 칭찬해주셨을 때에도 저는 액면 그대로 믿지 못했습니다. 혹시 교수님이 그냥 해주시는 말씀이 아닐까 하는 생각도 들었고, 혹시 교수님을 실망시키진 않을까 전전긍긍하기도 했습니다. 학교에서 주입된 부정적인 생각들을 극복하는 데 참 오래 걸렸습니다."

"그렇지요. 그래도 헨리, 당신은 좋은 경험을 한 셈이군요. 주변의 부정적인 평가가 얼마나 나쁜 영향을 끼치는지 몸소 체험한 것일테니 말입니다."

그 순간 필립은 뭔가 생각났다는 듯 무릎을 탁 치며 말했다.

"아, 그래서 당신이 그렇게 칭찬의 힘을 강조하셨군요. 제 말이 맞나요?"

"하하……. 네, 그런 듯합니다. 교수님이 제 재능을 일깨워주신 이후에는 지속적으로 긍정적으로 생각하고, 상대를 칭찬해 주는 것이 얼마나 중요한지 깨달았으니까요.”

“네, 그렇군요. 어쨌든 만약 당신이 주변의 부정적인 평가를 곧이곧대로 믿었더라면 오늘날의 당신은 없었겠지요. 스스로를 자랑스럽게 생각하셔야 합니다.”

필립은 활짝 웃으며 말했다. 헨리는 쑥스러운 듯 살포시 웃음 지으며 차를 마셨다. 필립은 바구니에서 노릇하게 잘 구워진 빵을 하나 꺼내 헨리에게 건넸다.

“고맙습니다.”

헨리는 웃으면서 빵을 받았다. 그는 빵을 한 조각 떼어 먹으며 말했다.

“아무튼 두 가지 사실은 분명하군요. 첫째, 나를 신뢰하는 사람이 단 한 명만 있어도 세상에서 가장 멋진 변화를 만들 수 있다. 둘째, 긍정적인 평가와 부정적인 평가 중 어디에 귀를 기울일지는 자신이 선택할 문제이다.”

“정리를 참 잘하시는군요.”

필립 역시 빵을 먹으며 즐겁게 응수했다. 헨리가 말을 이었다.

“만약 제가 부정적인 의견에만 신경을 곤두세웠더라면 제 자

1. 나를 신뢰하는 사람이 단 한 명만 있어도 세상에서 가장 멋진 변화를 만들 수 있다.
2. 긍정적인 평가와 부정적인 평가 중 어디에 귀를 기울일지는 자신이 선택할 문제이다.

신에 대한 기대를 낮췄을 겁니다. 아마 쉽고 편한 길만 선택하며 살았을 테죠. 위험 부담이 없는 방향으로 말입니다."

"많은 사람들이 그렇게 살아가고 있습니다. 부정적인 생각으로 가득 찬 상자에 갇혀 허우적거리지요."

"학창시절의 저처럼 말이지요? 하지만 제가 그 상자에서 빠져나오는 데는 단 한 마디의 격려만이 필요했을 뿐입니다."

"하하, 그런가요? 헨리, 당신은 운이 좋으셨던 겁니다. 부정적인 사고에 너무 깊숙이 빠져든 나머지 긍정적인 피드백이 주어져도 받아들이지 못하는 사람들도 많으니까요. 안타깝게도 대부분의 사람들은 부정적인 상황을 잘 극복하지 못한답니다."

필립은 정말 너무나 안타까운지 깊은 한숨을 내쉬고는 다시 조용한 음성으로 말을 이었다.

"그런 사람들은 자신이 할 수 있는 수많은 일 중에서 아주 작은 부분밖에 해내지 못합니다. 스스로에게 너무나 작은 것만을 기대하고, 너무 빨리 포기해버리기 때문입니다. 이 모두가 마음속에 있는 부정적인 필터링 시스템 때문이랍니다."

"제가 그 운 좋은 소수의 사람 중 한 명이라니 정말 제가 생각해도 다행스럽습니다. 제 인생의 결정적인 시점에 꼭 필요한 사람을 만났던 것 같습니다. 하지만 모든 사람들이 저처럼 운이 좋은 건 아니라는 말씀이신 거죠? 더구나 당신의 말을 종합해보면 다른 사람들에게는 그리 희망적이지 않은 것 같군요."

필립이 헨리의 말에 가볍게 고개를 끄덕이며 대답했다.

"그럴 수도 있지요."

잠시 말을 멈춘 필립은 빈 찻잔에 밀크커피를 한잔 따랐다. 헨리에게도 마시겠냐는 듯 주전자를 앞으로 내밀었지만 헨리는 가벼운 제스추어로 사양했다.

필립이 다시 말을 이었다.

"우리는 책을 읽을 때도, 다른 사람의 이야기를 들을 때도, 사물을 바라볼 때도 비판적으로 생각합니다. 마치 범죄를 심판하는 법관처럼 말이지요. 이런 태도는 우리의 마음이나 정신, 그리고 미래에 바람직하지 못합니다. 어떤 의미에선 가장 나쁜 형태의 자기학대입니다. 잘못된 필터링 시스템을 가지고 있으면 배움의 자세를 갖추기 힘든 법입니다."

"네, 그런데 그런 부정적인 자세가 배움에 어떤 식으로 영향을 미치게 되나요?"

"부정적인 생각은 우리가 받아들이는 정보 중 극히 일부분만 기억 속에 남겨놓습니다. 그런 만큼 잠재의식에 영향을 주고, 실생활에 적용할 수 있게 만드는 부분은 적어지게 마련입니다. 예컨대 우리가 책을 읽거나 비디오를 보거나, 혹은 세미나에 참석했을 때 어떤 마음으로 임했는가에 따라 정보를 다르게 받아들이게 됩니다. 헨리 씨도 그런 걸 많이 느끼셨을 거라고 생각하는데요."

필립의 말에 헨리가 고개를 끄덕였다.

"네, 확실히 독자들마다 받아들이는 정도가 천차만별이지요. 똑같은 걸 보고도 각기 다른 건 그들이 각각 다른 개성을 가졌기 때문일까요?"

"그건 사람들의 마음이 대부분 걱정과 주저, 부정적인 사고, 편견, 아집에 집중되어 있기 때문입니다. 늘 좋은 쪽보다 나쁜 쪽에 마음을 쓰게 마련이지요. 사실 우리는 모든 정보를 100퍼센트 받아들일 수 있습니다. 그런데 부정적인 마음자세는 이를 모조리 걸러냅니다. 받아들인 정보의 10퍼센트 정도만이 간신히 잠재의식에 도달합니다. 실천의 문제에 있어서는 더더욱 확률이 낮아집니다. 마치 10차선 고속도로가 한 개의 차선으로 좁혀지는 것과 같은 이치입니다. 그렇게 되면 어떻게 되겠습니까?"

"교통 체증이 생기겠지요."

헨리가 대답하자 필립이 고개를 끄덕였다. 헨리가 필립에게 물었다.

"교통 체증을 해소할 방법이 있을까요? 소통을 원활하게 만들 방법 말입니다."

"물론 있습니다."

필립은 당연하다는 듯 아주 자신 있게 대답했다.

"그야말로 인생에 혁명을 일으킬 기술이지요! 우선 식사를 마저 하고 그 이야기를 계속 하도록 하죠."

헨리는 곧바로 이야기를 듣고 싶었지만 참을성 있게 기다렸다. 두 사람은 각자 말없이 긍정적인 마음 자세에 대해 생각하며 식사를 계속했다.

오픈마인드

 점심식사를 마치고 필립의 서재로 자리를 옮긴 두 사람은, 헨리가 준비해온 차를 앞에 두고 잠시 말없이 앉아 있었다.

사실 헨리는 아까 채 듣지 못한 해답이 너무 궁금해서 필립이 이야기를 꺼내기만을 기다리고 있었다. 그의 입에서 어떤 말이 나올지 너무 기대가 되었던 것이다. 하지만 헨리는 필립을 재촉하지 않았다. 중요한 지식일수록 마음의 여유를 가지고 받아들여야 한다는 것을 알고 있었기 때문이었다.

이윽고 필립이 이야기를 시작했다.

"아까 말했던 그 기술에 대해 이야기하기 전에 한 가지만 다시 말씀드리겠습니다. 배움에 있어서는 항상 긍정적이고 열린 마음을 가지는 것이 매우 중요합니다. 이를 위해서 몇 가지 조언을 해드리겠습니다."

필립은 이렇게 말하고는 자리에서 일어나 책상 위에 펼쳐져 있던 노트를 가져왔다. 그러고는 노트를 몇 장 뒤적였다. 그는 가지런한 글씨로 정리한 내용을 헨리에게 펼쳐보였다. 한눈에 쏙 들어오게끔 체계적으로 잘 정리된 노트였다.

헨리는 필립이 적은 메모를 꼼꼼히 읽었다. 모두 마음에 꼭 새겨야 하는 것들이라고 생각했다.

헨리는 필립에게 양해를 구하고 그 내용을 다짐하듯 자신의 노트에 옮겨 적었다. 헨리가 메모를 마치자 필립이 다시 입을 열었다.

경청하라

• 편견이나 선입관 없이 들어라.

• 새로운 정보에 대해 열의를 가져라.

• 긍정적인 기대를 품고 들어라.

• 필기하면서 들어라.

- 들리는 대로 듣는 것에 그치지 말고 상상력을 최대한 발휘하며 들어라.
- "어떻게 활용할 것인가?"를 끊임없이 고민하며 들어라.

"이런 마음가짐을 갖는다면 분명 '아하!' 하고 무릎을 치는 경험을 할 수 있을 겁니다. 자신이 바라는 인생의 볼트에 딱 들어맞는 최종값을 찾게 되는 거죠."

"긍정적인 생각과 태도를 갖추면 기대했던 것보다 훨씬 많은 것을 얻을 수 있다는 말씀인가요?"

"네, 그렇습니다. 긍정적인 생각과 태도를 가지면 각각의 정보에서 서로 연관성, 연결점도 찾을 수 있게 됩니다."

"연결점이요?"

"네, 전혀 상관없을 것 같은 각각의 지식이 머릿속에서 하나의 진리로 통합되는 경험을 할 수 있다는 말입니다. 이렇게 되면 이전엔 생각지도 못했던 방식으로 지식을 실생활에 적용할 수 있게 됩니다. 그리고 이를 위해서는 반드시 새로운 정보에 대해 열린 마음을 가져야 하는 거고요. 그 정보의 출처가 어디든지 말입니다."

필립은 잠시 숨을 고르고 명언을 낭독하는 것처럼 말했다.

"긍정적인 마음 자세는 우리를 성장하게 만드는 거름과 같습니다. 비옥한 땅에 심은 씨앗은 알찬 열매를 맺게 마련이지요."

"와, 정말 멋진 말인데요."

헨리는 필립의 말을 노트에 적었다.

곱씹을수록 소중한 말이었다. 필립은 계속 말을 이었다.

"게다가 무엇보다 흥미로운 것은 바로 거기에서 '가능성 사고'가 시작된다는 것입니다."

"가능성 사고요? 좀 더 자세하게 설명해주시겠어요?"

"네, 그러죠. 제 이야기를 좀 더 들어보시면 제가 말하는 가능성 사고가 무엇인지 이해하실 수 있을 겁니다. 우선, 오픈 마인드가 중요하다는 것은 잘 아시지요?"

"물론입니다. 모든 학습은 거기에서부터 시작하는 것이라고 생각합니다."

"그렇습니다. 오픈 마인드는 단순히 읽고 들은 것의 100퍼센트를 받아들이는 데서 그치지 않고 그 몇 배의 지식을 얻을 수 있게 해줍니다. 어쩌면 믿기지 않을지도 모르지만 저는 실제로 그런 경험이 있답니다. 긍정적인 사고는 아까 이야기한 교통 체

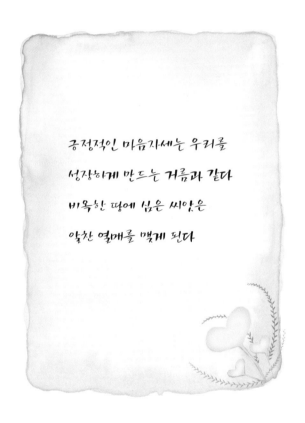

긍정적인 마음자세는 우리를

성장하게 만드는 거름과 같다

비옥한 땅에 심은 씨앗은

알찬 열매를 맺게 된다

증을 해소하는 데서 그치지 않고 아예 새로운 고속도로를 뚫게 해줍니다. 때론 길에서 벗어나 하늘을 날게 해줄 수도 있지요."

필립은 그렇게 말하고는 창문 너머의 푸른 계곡을 한번 지그시 바라본 후 다시 말했다.

"긍정적인 사고방식과 태도는 우리에게 잠재되어 있는 창의력과 독창성, 기지에 불을 붙여줍니다. 무모해보이던 꿈조차 이룰 수 있는 '가능성'을 탄생시키지요."

헨리는 필립의 설명에 고개를 끄덕였다. 그가 말한 가능성의 사고를 이해할 수 있을 듯했다. 실제로 많은 사람들이 현실의 벽을 뛰어넘어 불가능의 세계에 도전한다고 생각했다. 물론 모두 다 성공하는 것은 아니지만 분명 성공하는 사람들도 있지 않은가? 헨리는 다시 확인하듯 물었다.

"우리가 이따금씩 보는, 그러니까 다른 사람들의 능력을 훨씬 뛰어넘는 몇몇의 사람들도 이런 케이스일까요? 예컨대 일당백의 역할을 멋지게 수행하는 사람들 말입니다."

"맞습니다. 그런 사람들이 바로 가능성 사고를 하는 사람들입니다. 일당백의 능력을 발휘하는 사람들의 특성을 잘 살펴보면 새로운 지식을 쉽게 받아들이고, 상상을 뛰어넘는 방식으로 그 지식을 실현시킨다는 것을 알 수 있습니다. 그들은 자신의 선생님이나 코치조차 깜짝 놀랄 정도로 새로운 방식을 추구합니다. 늘 가능성 사고를 기반으로 행동하지요."

필립은 경이로운 것을 대할 때처럼 조금 상기된 표정으로 계속 말을 이었다.

"항상 가능성을 염두에 두는 마음자세는 사람들의 인생을 180도 변화시킵니다."

필립의 말에 헨리도 힘이 나는 듯했다. 그는 필립이 그런 경험을 가지고 있는지도 궁금해 조심스럽게 물었다.

"필립, 당신도 가능성 사고의 힘을 경험해본 적이 있습니까?"

"물론입니다."

필립은 시원하게 대답하고는 잠시 기억을 더듬는 듯 먼 산을 응시했다. 잠시 뒤 그가 차분한 목소리로 자신의 경험을 이야기하기 시작했다.

"어느 일요일이었습니다. 그날 목사님의 설교는 저를 완전히 사로잡았습니다. 저는 들뜬 상태로 교회 문을 나섰습니다. 가슴 밑바닥에서부터 새로운 생각이 솟구치는 것을 느끼면서 말이죠. 차에 올라 라디오를 켰는데 거기서 흘러나오는 노래가 저에게 영감을 주었습니다. 저는 곧장 길가에 차를 댔죠. 그리고 머릿속에 떠오르는 교육 프로그램의 개요를 작성하기 시작했습니다. 이 교육 프로그램이 어떤 성과를 가져다주었는지 아십니까?"

필립은 다소 들뜬 목소리로 말했다. 헨리는 조심스레 답했다.

"글쎄요. 아주 멋진 성과를 낸 모양인데요."

"이 교육 프로그램은 이후 30년 동안 1억 달러 이상의 수익을 가져다주었답니다."

"정말 대단한 성과군요!"

필립은 기분이 좋은지 호탕하게 웃고는 다시 차분한 목소리로 말을 이었다.

"그날은 참 기분 좋은 날이었습니다. 모든 것이 다 좋았지요. 푸른 하늘과 흰 구름, 바람에 나부끼는 나뭇잎과 새소리까지 평소와 다를 것 없는 풍경이었지만 모든 사물이 영감을 주는 것 같았습니다. 생각해보면 그날 저는 그 어떤 날보다 더 긍정적인 마음가짐을 가지고 있었던 것 같아요. 만약 제가 부정적인 마음가짐으로 예배에 참석했더라면 목사님의 설교나 찬송가가 저에게 아무런 의미도 주지 못했을지 모릅니다. 다른 사람들과 마찬가지로 정신적인 교통 체증에 갇혀 있었겠지요."

춤추는 고래의 실천

"그런데 그날 당신의 머릿속 차선들은 뻥 뚫려 있었군요."

헨리가 모든 것을 공감한 듯 한 마디 거들었다. 필립이 다시 말을 받았다.

"하하, 그렇습니다. 그리고 그 차선은 전혀 꿈꿔보지 못한 세상으로 저를 데려다주었지요."

두 사람은 서로를 바라보며 잠시 웃었고, 각자 조용히 생각을 정리했다. 헨리가 천천히 입을 열었다.

"필립, 결국 가능성 사고가 당신의 삶과 사업에 정말 중요한 역할을 한 것이군요. 오늘날 당신이 거둔 성공이 그런 가능성 사고 덕분이었다는 거지요?"

"분명히 그랬습니다."

필립이 고개를 끄덕였다. 헨리는 필립의 이야기를 곰곰이 생각해보았다. 한편으로는 의구심도 들었고, 한편으로는 가능성 사고가 대단하다는 생각도 들었다.

가능성 사고의 힘

 헨리는 가능성 사고에 대해서 생각하면서 혹시 현
실성에 문제가 있지 않을까 고민했다. 가능성 사고
가 강력한 힘을 가지고 있는 것은 분명하지만 그것만으로 모든
것이 이루어진다고는 생각지 않았기 때문이기도 했다. 헨리는
다시 필립에게 물었다.

"가능성 사고가 능력 이상의 것을 이끌어낸다는 사실은 어느
정도 동감합니다. 하지만 현실적인 문제들을 생각지 않을 수 없
군요. 세상에는 불가능한 일들이 있게 마련 아닙니까?"

"가능성 사고를 하는 사람들은 그 '불가능한 일'들을 해내곤
하지요."

필립은 강한 어조로 대답했다. 그의 눈빛은 한 치의 흔들림도 없었다.

"로저 배니스터(Roger Bannister)를 아십니까?"

"1마일을 4분 이내에 주파하는 것은 불가능하다는 마의 장벽을 깬 사람 말인가요?"

"맞습니다. 그는 1954년 1마일을 3분 59.4초에 주파했습니다. 그 이전에 전문가들은 인간의 신체구조상 1마일을 4분 내에 달리는 것은 불가능하다고 말했습니다. 하지만 프로 육상선수도 아닌 옥스퍼드 대학에 다니는 젊은 의대생이 그 금기를 깨버린 겁니다."

필립은 잠시 숨을 고른 뒤 다시 입을 열었다.

"당시에 이 일은 기적처럼 받아들여졌습니다. 하지만 일단 벽이 깨지고 나자 7주 만에 존 랜디가 3분 57.9초의 기록을 세웠습니다. 그 후 15년 동안 로저 배니스터의 기록은 177회의 경주에서 260명의 선수에 의해 깨졌지요. 1965년에는 캔자스의 어느 고등학교 3학년생이던 짐 륜(Jim Ryun)이 3분 55.3초라는 기록을 남겼습니다. 그리고 이제 사람들은 1마일을 4분 내에 주파하는 것이 불가능한 일이라고는 전혀 생각지 않습니다. '누구도 할

3장 · 긍정의 힘　**125**

수 없는 일'에서 '누구나 할 수 있는 일'로 바뀐 겁니다."

필립은 말을 마치고 헨리를 바라보았다. 헨리는 자신이 조금 전까지 가지고 있던 의구심이 일순간 사라지는 것을 느꼈다. 그가 고개를 끄덕이며 말했다.

"정말 긍정적인 마음자세는 무한한 가능성을 낳는 것 같습니다. 모두들 불가능하다고 여겼던 일을 해내어 역사 자체를 송두리째 바꿔놓는군요."

"그들이야말로 위대한 선구자들이죠. 하지만 긍정적인 마음자세를 가졌더라도 반복은 반드시 필요합니다. 배니스터 이후에도 수많은 선수들이 마의 4분 장벽을 깨고 나서야 부정론자들이 긍정론자가 되었습니다. 한 가지 우리가 연구한 바에 따르면 전체 아이디어의 62퍼센트는……."

필립은 잠시 말을 멈추고 노트의 빈 페이지를 펼쳐 무언가를 적기 시작했다.

보여주고, 보여주고, 보여주고, 보여주고, 보여주고,
또 보여주기 전까지는 받아들여지지 않는다.

필립은 이렇게 적은 메모를 헨리 앞으로 밀어놓고는 말을 이었다.

"무슨 이야기인지 아시겠어요?"

"네, 사실 제가 학창시절에 주입되어 있던 부정적인 마인드를 극복한 과정도 그것과 비슷했답니다."

이번에는 헨리가 펜을 꺼내 노트에 써내려갔다.

나는 글을 잘 쓰지 못한다, 나는 글을 잘 쓰지 못한다,
나는 글을 잘 쓰지 못한다.
나는 글을 잘 쓴다, 나는 글을 잘 쓴다, 나는 작가이다!

헨리의 메모를 본 필립은 고개를 끄덕이며 말했다.

"정말 그렇군요. 그런데 흥미롭게도 모든 것을 여섯 번 제시하는 게 일정한 간격을 둔 주기적인 반복의 비밀과 일맥상통하는 거네요."

"네? 그게 무슨 말씀이신가요."

헨리가 고개를 갸우뚱하며 물었다. 필립은 차근차근 그 이유를 설명하기 시작했다.

"사람들이 새로운 생각을 자신의 것으로 만드는 과정과 궤가 맞는다는 겁니다. 대개의 경우 사람들은 새로운 생각을 접할 때 처음에는 거부합니다. 기존에 갖고 있던 생각과 대립되기 때문이죠. 두 번째 접할 때는 저항을 합니다. 선뜻 받아들일 수 없기 때문입니다."

필립은 다시 헨리를 한 번 쳐다보고는 말을 이었다.

"세 번째 접했을 때는 부분적으로는 받아들이지만 실천에 옮기지는 않습니다. 유보하죠. 네 번째로 접하고 나서야 비로소 완전히 받아들입니다. 자신이 생각하던 것을 잘 표현해준다고 느끼는 거죠. 다섯 번째 접하게 되었을 때는 스스로에게 적용시켜 자기 것으로 흡수합니다. 그리고 여섯 번째에 이르러서야 마침내 완벽히 동화됩니다. 그때는 다른 사람들에게도 자신의 생각으로 그 새로운 생각을 전달하게 되죠."

여기까지 말을 마친 필립은 자리에서 일어나 책상 뒤에 놓인 캐비닛 앞으로 가서 무언가를 꺼내며 말했다.

"제가 한 세미나에서 사용했던 핸드아웃 자료에 잘 정리되어 있습니다. 잠시만요."

그는 캐비닛을 열고 능숙하게 몇 장의 인쇄물을 골라 꺼내들

고는 헨리 앞으로 다가왔다. 그리곤 미소를 지으며 그것을 헨리
에게 건넸다. 거기에는 이런 내용이 쓰여 있었다.

거부에서 동화까지

첫 번째 노출 : 거부

"나는 그것이 기존의 내 생각과 대립되기 때문에 거부한다."

두 번째 노출 : 저항

"이해는 할 수 있지만 받아들이지는 못하겠다."

세 번째 노출 : 부분적 인정

"그 생각에는 동의하지만, 실제 적용하는 것은 유보하겠다."

네 번째 노출 : 완전한 인정

"내가 생각하던 바를 그대로 표현했군."

다섯 번째 노출 : 부분적 동화

"오늘 이 생각을 실천에 옮겨봤는데 아주 좋았다!"

여섯 번째 노출 : 완전한 동화

"나는 이 생각을 우리 영업사원들에게도 알려주었다.

이 생각은 말 그대로 내 것이 되었다."

헨리는 필립이 건넨 자료를 꼼꼼하게 읽으며 고개를 끄덕였다. 헨리가 자료를 읽는 사이 필립은 다시 따뜻한 차 한 잔을 준비해 헨리에게 권했다.

헨리는 그 내용을 자신의 노트에 옮겨 적은 후 이야기를 시작했다.

"감사합니다. 매우 유용하게 쓰일 것 같습니다."

헨리는 먼저 감사의 인사를 건넸다. 하지만 한 가지 의문이 있었다. 이 여섯 단계를 모두 거쳐야 하는지가 궁금했던 것이다. 헨리는 필립에게 물었다.

"필립, 한 가지 여쭤볼 게 있습니다. 저는 글쓰기에 대한 부정적인 마인드를 깨뜨린 이후 다른 분야에서도 훨씬 긍정적인 자세를 갖게 되었습니다. 그래서 묻는 말인데 매번 이렇게 여섯 단계를 거쳐야만 하는 건가요?"

필립이 미소를 지으며 고개를 가로저었다.

"하하, 역시 항상 한 발짝 앞서 가시는군요. 예상했겠지만 대답은 물론 '아니오'입니다. 방법이 있지요. 당신이 경험한 대로 긍정적 사고를 통해 긍정적 경험이 쌓일수록 그 단계는 계속 축소됩니다. 나중에는 여섯 단계를 거치지 않고서도 창조적인 아이디어가 마구 솟구치지요. 그 즈음 되면 저처럼 '역(易) 피해의식(inverted paranoid)'의 소유자가 될 수 있을 겁니다."

"역 피해의식이요? 그게 뭐지요?"

헨리가 눈을 크게 뜨며 물었다. 필립은 대화가 계속 앞으로 한 걸음씩 진전되는 것이 즐겁다는 듯 활짝 웃으며 말했다.

"역 피해의식이란 말 그대로 피해의식과 반대되는 것입니다. 피해의식을 가지고 있는 사람들은 항상 세상이 자신을 향해 못된 짓을 꾸미고 있다고 생각하지요. 반대로 역 피해의식의 소유자는 세상이 자신을 위해 항상 좋은 일을 꾸미고 있다고 믿습니다. 그런 사람들은 자신에게 일어난 모든 일을 긍정적으로 해석합니다. 불행 속에서도 희망을 보는 이들이지요."

헨리는 말없이 고개를 끄덕였다. 필립이 주의사항을 짚어주듯 정리된 어조로 말을 이었다.

"하지만 그렇게 되기까지는 긴 여정을 거치게 마련이지요. 그리고 때때로 타인의 도움을 필요로 하기도 합니다."

"네, 그럴 것 같군요. 그런데 혹시 부정적인 필터링 시스템을 가능성 사고로 전환한 사례가 회사 내에서도 존재하나요? 그런 사례가 있다면 훨씬 이해가 쉬울 것 같아서요."

"물론이에요! 우리 회사에 아주 멋진 사례를 몸소 보여준 사람이 있답니다. 그렇지 않아도 헨리 당신에게 소개해주려고 했어요."

"아, 네. 감사합니다. 어떤 분인지 궁금하군요."

헨리가 기대에 차서 묻자 필립은 소개하려는 이에 대해 간단하게 설명했다.

"수잔 올컷이라는 사람입니다. 그녀는 우리 회사의 최고운영책임자(COO, Chief Operating Officer)이고, 내가 아는 가장 똑똑한 여성 중 한 명이지요. COO로서 그녀는 최고예요. 하지만 그녀도 예전에는 누구보다 부정적인 사고를 지니고 있어서 저를 비롯해서 다른 경영진들을 참 괴롭게 만들곤 했답니다."

"어떤 식으로 괴롭혔다는 거죠."

필립은 예전 생각이 나는지 양미간을 한 번 찌푸리고는 다시 활짝 웃으며 답했다.

"그땐 사실 생각하기도 싫지만, 지금 돌아보면 정말 대단한 과정이었어요. 수잔은 어떤 자리에서건 혹은 어떤 아이디어에 대해서건 새로운 시도에 찬물을 끼얹는 사람이었습니다."

"하지만 그런 일을 하라고 COO를 두는 거 아닙니까? 혹시나 있을지도 모르는 위험 요소를 사전에 찾아내 예방하는 게 COO 역할이니까요."

헨리는 조금 이해할 수 없다는 듯 고개를 갸웃거리며 확인하는 사람처럼 되물었다. 필립이 살며시 웃으며 답했다.

"물론 운영에 위배될 때는 '노(No)'라고 말할 수 있어야지요. 하지만 수잔은 도가 지나쳤어요. 사사건건 트집을 잡았거든요. 마치 회의시간의 테러리스트 같았지요. 그런데 그런 수잔이 언젠가부터 전혀 딴 사람이 되었습니다."

"테러리스트요? 정말 엄청나게 부정적이었나 보군요."

"하하……."

두 사람은 잠시 웃었다. 헨리는 수잔이 어떤 사람인지 궁금했다. 사실 헨리는 지금까지 필립이 말한 테러리스트 같은 사람들을 수없이 만나보았다. 더 나은 결과를 만들기 위해서 여러 가지 생각을 하고, 비판을 하는 것이 아니라 마치 '안 됩니다'라는 말밖에 모르는 것 같아 보이는 사람들 말이다. 그는 경험상 그런 사람들이 변화하기 어렵다는 것을 잘 알고 있었다. 그렇기에 그걸 극복했다는 수잔이 누구인지 더욱 궁금해졌다.

헨리의 생각을 간파했다는 듯 필립이 말했다.

"자, 어떠세요? 수잔을 한 번 만나보시겠어요?"

"예, 물론입니다. 꼭 만나보고 싶군요."

"그러실 줄 알았습니다. 약속을 잡으려면 어디로 전화하셔야 하는지 잘 아시죠?"

"하하……. 네, 물론 잘 알고 있습니다. 캐서린과는 이미 친구가 되었답니다."

"그것 참 좋은 소식이군요. 자, 헨리 이쯤에서 우리의 대화는 마무리하도록 하죠. 수잔과 잘 만나시고 우리는 내일 모레쯤 다시 만나 이야기를 나눕시다. 그날은 제 사무실에서 뵐까요?"

"네, 정말 감사합니다."

헨리는 감사 인사를 하고 자리를 정돈하며 일어났다. 필립이 손을 내밀어 악수를 청했고, 헨리는 손을 맞잡으며 뿌듯한 마음을 느꼈다.

필립의 집을 빠져나와 사무실로 가는 길은 시원하게 뚫려 있었다. 마치 생각의 차선이 뻥 뚫린 것처럼 말이다.

파란불
사고하기

다음날 헨리는 수잔 올컷의 사무실을 찾았다. 이 번에도 캐서린이 안내를 해주었다. 헨리는 기대와 약간의 불안함을 가지고 방으로 들어섰다.

수잔은 헨리를 보자 자리에서 일어나 반갑게 맞았다. 생각 외로 그녀는 밝고 활기찬 젊은 여성이었다. 도무지 사람들이 의견을 낼 때마다 꼬투리를 잡는 깐깐한 사람이었을 것 같지 않았다. 그녀는 자신의 이야기를 헨리에게 들려주기 위해 한껏 들떠 있는 듯했다.

"반갑습니다. 헨리 씨!"

"네, 말씀 많이 들었습니다. 오늘 대화가 너무 기대됩니다."

헨리도 반갑게 인사를 건넸다.

"하하. 요즘 필립은 부정적인 사고방식을 긍정적으로 바꾼 예를 보여주고 싶을 때마다 저를 소개하더군요."

수잔이 쾌활하게 웃었다. 그녀의 웃음소리는 듣는 사람의 마음까지 기분 좋게 만들었다.

"그렇지 않아도 그 이야기를 빨리 듣고 싶습니다."

헨리가 따라 웃으면서 대답했다.

"네, 지금 시작할까요? 이쪽으로 앉으세요."

"네, 감사합니다."

두 사람은 깔끔하게 정돈된 회의 테이블에 마주 앉아서 이야기를 시작했다. 수잔이 먼저 말을 꺼냈다.

"필립에게 이미 들으셨겠지만 저는 굉장히 부정적인 사람이었습니다."

"예, 필립은 거기에 한 가지를 덧붙여주더군요. 완전히 다른 사람으로 180도 바뀌었다고요!"

"하하, 맞습니다. 예전에 저는 누군가 새 안건을 낼 때면 항상 비판을 가했어요. COO의 역할이 그것이라고 생각했기 때문이었죠. 하지만 정도가 지나쳤던 거죠. 저는 그 사실은 인식하지 못한 채 계속 그렇게 부정적으로 생각하고, 반응했습니다."

"음……. 솔직하게 말씀드리면 지금 모습을 보면서는 별로 상상이 되지 않는걸요?"

헨리가 궁금하다는 듯 말했다. 수잔은 벅찬 마음인지 약간 톤이 높아진 상태로 말을 이었다.

"하하……. 그렇게 보인다면 정말 행복한 일이네요. 저는 운이 좋았어요. 그런 제가 필립을 만나게 되었으니까요. 그는 제가 이 회사로 옮겨온 지 딱 1년이 되던 날 조용히 저를 불렀습니다."

수잔은 물을 한 모금 마시고는 헨리를 한 번 바라보았다. 헨리는 궁금증과 긴장감으로 상기되어 있었다.

"그날 필립은 정말 한 치의 오차도 없이 인정사정 봐주지 않고 저에 대한 성과 평가를 단행했습니다."

"인정사정 봐주지 않았다고요?"

헨리는 필립의 부드러운 인상을 떠올리며 믿기지 않는다는 표정을 지었다. 수잔이 미소를 지으며 대답했다.

"네, 정말 무지막지했지요. 평소의 필립은 참 친절하지만 필요하다고 느낄 때는 아주 정확하고 직선적이랍니다."

수잔의 이야기를 듣고 보니 충분히 그럴 수 있을 거라는 생각이 들었다. 오늘의 자리에 오르기까지 필립은 분명히 과감하고 철저하게 행동했을 것이라는 생각이 들었기 때문이었다. 수잔이 계속해서 말을 이었다.

"그날 필립은 제게 '수잔, 당신은 지금껏 내가 보아온 최고의 COO 중 한 명이오. 당신이 맡은 업무 분야에 대해 잘 알고 있다는 것도 압니다. 때문에 우리 회사는 당신의 능력을 신뢰합니다. 하지만 당신의 부정적이고 비판적인 사고방식이 우리 회사의 걸림돌이 되고 있소'라고 했습니다. 그리곤 제게 지시를 했지요. 내년에는 제 그런 사고방식을 고치는 것을 첫 번째 목표로 삼으라고 말입니다."

수잔은 숨을 고르는 듯 심호흡을 한 번 하고는 다시 말했다.

"정말이지 저는 그때 필립의 이야기를 듣고 너무 놀랐습니다. 필립이 이야기하기 전까지 사실 단 한 번도 생각해보지 못했던 사항이었으니까요. 하지만 전 그냥 '네'라고 대답했습니다. 그건 지시였으니까요. 그런데 도대체 그 목표를 달성할 수 있을지 모르겠더군요."

"그렇지요. 부정적 사고를 벗어나 긍정적 사고로 바꾸는 것은 쉬운 일이 아니죠."

헨리가 공감한다는 듯 말했다. 수잔 역시 웃으면서 고개를 끄덕이고는 다시 말했다.

"네, 그런데 필립은 제 이런 마음을 알기라도 한 듯 곧바로 새로운 제안을 해주었습니다."

"아니, 어떤 제안이었지요?"

헨리가 호기심이 가득한 어조로 물었다.

"필립은 제게 '수잔, 이제부터 나와 만날 때나 혹은 팀 미팅에 참석할 때 당신이 파란불 사고의 역할을 맡아주세요'라고 했습니다."

"파란불 사고요?"

"네, 그는 분명 파란불 사고라고 말했어요. 하지만 지금 당신이 그런 것처럼 저도 그게 무슨 말인지 처음에는 이해가 되지 않았어요. 필립은 제게 그 내용을 직설적으로 설명하지 않았으니까요. 하지만 그가 세부적인 제안을 해주자 그 파란불 사고가 무엇인지 알 수 있었습니다."

"정말 궁금한데요."

두 사람은 서로 바라보며 웃었다. 수잔이 계속해서 말했다.

"필립은 제게 '수잔, 회의에서 새로운 아이디어나 기획안이

나오면 당신이 먼저 그 제안을 왜 받아들여야 하는지 설명하세요. 다시 말해 앞장서서 찬성하는 역할을 맡으라는 겁니다. 사람들에게서 긍정적이고 창의적인 생각이 모두 나올 때까지는 그어떤 부정적인 반응도 보이지 마세요. 나와 일대일 회의를 할 때도 마찬가지예요'라고 말했습니다. 사실 그때 전 정말 당황했습니다."

수잔이 당시의 난감한 심정이 떠올랐는지 고개를 설레설레 흔들며 말을 이어갔다.

"다른 사람은 어떨지 몰라도 저에게는 굉장히 난해한 과제였으니까요. 저는 문제가 발생할 수 있을 만한 요소나 아이디어가 실현 불가능한 까닭은 재빠르게 찾아낼 수 있었지만, 되는 이유를 찾는 데는 영 재주가 없었기 때문입니다. 그럼에도 필립은 나의 부정적인 사고방식을 두고볼 생각이 전혀 없었어요. 저는 회사에서 살아남으려면 변화해야 한다고 마음을 먹었습니다."

수잔은 자못 진중한 자세로 말을 맺었다. 당시의 결심을 되새기기라도 하듯 말이다. 헨리는 한 가지 궁금증이 떠올랐다.

"수잔, 그럼 그때 이후 단 한 번도 회의에서 반대 의견을 던지지 않았나요?"

"그건 아니에요. 우리 회사는 세 단계를 거쳐 회의가 진행돼요. 처음에는 파란불 사고, 두 번째는 노란불 사고, 세 번째는 빨간불 사고를 하는 것이죠."

"신호등 회의라……, 재미있군요."

"생각처럼 재미만 있는 건 아니랍니다. 이미 파악하셨을지 모르지만 파란불 사고 다음에 오는 노란불 사고는 무조건 찬성하는 입장이 아니라 좀 더 신중하게 생각해보자는 의견을 내놓는 겁니다. 이때도 저는 첫 번째 발언자가 되어서는 안 됐어요. 우리는 각자 최선의 피드백을 주고받았지요. 하지만 절대로 부정적인 반응이 긍정적인 반응보다 먼저 나와서는 안 됐어요."

"네, 어떤 과정이었는지 충분히 알 것 같습니다. 그런데 그런 회의 과정이 당신에게 어떻게 효과를 발휘했습니까?"

헨리는 조심스레 물었다. 수잔은 한껏 고조된 목소리로 대답했다.

"헨리, 당신은 상상도 하지 못하실 거예요. 정말 놀라운 일이 벌어졌답니다. 사실 처음 필립의 제안을 듣고 나서 저항감이 생기기도 했어요. 회의 때마다 저는 '도대체 이런 게 왜 필요한 거야! 이 안건을 뭘 보고 찬성하라는 거지? 온통 문제점 투성이잖아' 하는 생각이 떠나질 않았어요. 그런데 시간이 지날수록 서서히 바뀌는 걸 저 스스로도 느낄 수 있었답니다."

"그렇군요!"

"네, 긍정적인 가능성을 생각하는 데 집중하다 보니 처음에 하나도 보이지 않던 것들이 새록새록 보이기 시작하는 겁니다. 정말 경이로운 경험이었습니다. 그에 따라 제 생각도 '무조건 안 된다'에서 '충분히 가능하다'라는 방향으로 옮아가더군요. 급기야 나중에는 노란불이나 빨간불에 해당하는 의견을 내야 할 때 아무런 생각이 나지 않아 애를 먹을 지경이 되었습니다. 사물을 바라보는 세계관이 그만큼 많이 변한 거예요."

"그렇군요. 정말 놀라운걸요. 그런데 수잔, 혹시 COO의 역할을 수행하는 데는 아무런 문제가 없었습니까? COO는 때에 따라서는 반대 입장을 분명히 해야만 하는 위치잖아요?"

헨리가 묻자 수잔이 고개를 끄덕였다.

"네, 물론 그렇게 생각하실 수도 있죠. 하지만 저는 아무런 문제가 없다고 생각해요. 필립의 생각도 그런 것 같고요. 무엇보다 저는 가능성 사고를 하게 된 지금의 모습에 훨씬 만족하고 있어요. 아마 파란불 사고에서 노란불 사고로 이동하는 방식을 배우고 활용하지 못했다면 불가능했을 일이지요."

수잔은 어깨를 으쓱하며 매우 즐거워했다. 그녀는 한 마디를 덧붙였다.

"더구나 회사에서뿐만 아니라 생활의 모든 것들이 확연히 달라졌어요. 예전보다 훨씬 즐겁고, 잘할 수 있게 된 것 같아요. 더구나 사람들은 제 인상부터 달라졌다고 하더군요!"

"네, 그래요. 저도 사실 수잔의 얼굴을 처음 보고 예전 모습은 전혀 상상할 수 없었으니까요. 그런데 그런 것 외에도 실질적으로 얻은 이점도 있나요?"

"물론이에요. 제 의견이 좀 더 신빙성을 얻게 되었습니다."

수잔은 방긋 웃으며 이야기했다.

"솔직히 이전에는 똑같은 것을 지적해도 사람들은 '또 시작이네'라고 생각했지요. 하지만 지금은 노란불 사고 단계에서 제가 의견을 내놓으면 사람들이 훨씬 더 진지하게 받아들입니다. 무턱대고 '안 됩니다'라고만 한다고 생각하는 게 아니라 건설적인 피드백으로 받아들이는 것이죠."

"정말 멋진 경험이었겠군요. 참 대단하시네요!"

"감사합니다. 헨리 씨, 그럼 이제 원하는 답을 얻으셨나요?"

"네, 덕분에요. 오늘 말씀 잊지 않겠습니다."

"네, 꼭 가능성 사고를 하도록 하세요. 그럼, 우리의 만남은 여기에서 정리할까요?"

수잔은 헨리가 정리할 시간을 잠시 기다려 그와 함께 일어나 방문 앞까지 배웅했다. 그녀의 활짝 웃는 웃음을 보며 헨리는 긍정적인 마인드가 사람을 어떻게 밝게 만들어주는지 알 수 있을 것 같았다.

잘한다!

헨리는 수잔의 사무실에서 나와 캐서린에게로
갔다. 캐서린은 처음 만났을 때처럼 다소곳하고
평온한 모습으로 일하고 있었다. 헨리가 들어서자 캐서린이 일
어나 그를 반갑게 맞았다.

"어서 오세요. 필립에게 연락 받았습니다."

"네, 그렇군요. 내일 필립 씨를 다시 만나기로 했는데, 몇 시에
가능하실지 확인하고 싶어서 들렀습니다."

"네, 잘하셨어요."

캐서린은 너무나 밝고 화사하게 웃으면서 말했다. 그리곤 넌
지시 이야기를 던졌다.

"그런데 왠지 필립이 선생님의 역량을 시험하고 계시는 것 같네요."

"아, 그런가요?"

헨리가 한쪽 눈을 찡긋하며 미소를 지었다. 캐서린은 능숙한 솜씨로 필립과 헨리의 일정을 체크한 뒤 말했다.

"오전 10시경이 어떠시겠어요?"

"네, 좋습니다. 내일은 사무실에서 만나자고 하셨으니 내일도 뵙겠네요. 그럼 저는 이만 실례하겠습니다."

"네, 내일 뵐게요."

헨리는 가볍게 목례를 한 뒤 주차장으로 걸어갔다. 기분은 가뿐했지만 머릿속은 혼잡했다. 중요한 지식들을 한꺼번에 집어넣은 듯한 기분이 들었기 때문이다.

'마음을 좀 가라앉힐 필요가 있겠군.'

다행히 오후에는 골프 약속이 잡혀 있었다. 친구는 골프 스쿨에서 한층 향상된 실력을 뽐내고 싶어 했다. 마침 헨리도 묻고 싶은 것도 있었기에 잘 되었다고 생각하며 시 외곽에 자리한 골프 클럽으로 차를 몰았다.

골프를 치기에는 더할 나위 없이 화창한 날씨였다. 초반 두 홀은 헨리와 친구 모두에게 순조롭게 흘러갔다. 그런데 헨리는 세 번째 홀에서 그만 두 번째 샷을 벙커에 빠뜨리고 말았다. 헨리는 공을 향해 걸어가면서 투덜거렸다.

"나는 벙커가 정말 싫어. 내가 제일 못하는 게 벙커샷이거든."

그러자 데니가 말했다.

"왜 지레 겁을 먹어? 내가 다닌 골프 스쿨에서 뭐라고 했는지 알아? '못한다, 못한다' 하면 정말 못한다는 거야. 그런 마음자세로는 절대 실력이 향상되지 않아. 어때, 내가 시키는 대로 한 번 해볼래?"

"내게 뭘 시킬 작정이지, 잘난 척 양반?"

헨리가 장난스럽게 대꾸했다. 하지만 데니는 진지한 표정으로 헨리에게 말했다.

"공이 벙커에 빠지면 자기 자신에게 큰소리로 외치는 거야. '나는 벙커가 좋아! 나보다 벙커샷을 잘 치는 사람은 없어!'라고 말이지."

헨리는 잠시 그 모습을 상상해보고는 너무 우스꽝스럽다고 생각했다. 하지만 약속도 있고, 어차피 사람들 눈도 없으니 한 번 해보자는 심정으로 외쳤다.

"나는 벙커가 좋아! 나보다 벙커샷을 잘 치는 사람은 없어!"

결과는 놀라웠다. 공 앞으로 다가가 준비 자세를 갖추는 동안 이미 마음이 편안해졌다. 벙커로 들어간 헨리는 자신 있게 골프채를 휘둘렀다. 공은 벙커 밖으로 날아가 홀컵 앞에 떨어지더니 무언가의 힘에 의해 빨려들 듯 구멍으로 쏙 들어갔다.

헨리는 너무 놀라 자신도 모르게 소리를 쳤다.

"우와!"

그러고 나서 데니를 쳐다보며 의기양양하게 말했다.

"이쯤이야 식은 죽 먹기지!"

헨리와 데니는 동시에 큰 소리로 웃음을 터뜨렸다. 정작 더 놀란 것은 헨리가 아니라 데니였다. 그는 너무 놀라 어안이 벙벙한 표정을 지으며 말했다.

"이 방법이 효과가 있는 건 알고 있었지만 이렇게 빨리 나타날 줄은 몰랐는데? 기대 이상이야!"

헨리와 데니는 공을 줍기 위해 그린 위를 걸어갔다. 헨리가 흐뭇한 표정으로 데니에게 말했다.

"나도 마찬가지야. 하지만 오늘 아침 내내 긍정적인 사고에 대해 배우긴 했지."

두 사람은 한동안 긍정적인 사고에 대해 이야기를 나눴다. 데니는 벌써 여러 가지의 경험을 가지고 있었고, 그것에 대해 자세하게 이야기를 해주었다.

헨리는 고개를 끄덕이며 여러 생각을 차곡차곡 정리했다.

그날 밤 집으로 돌아온 헨리는 편안히 휴식을 취하며, 필립과 수잔, 그리고 친구 데니에게서 배운 내용을 하나씩 메모하기 시작했다. 왠지 모를 힘찬 기운이 느껴지는 밤이었다.

미래의
열린 가능성

 다음 날 아침, 헨리는 약속 시간에 맞춰 필립 머레이의 사무실을 찾아갔다. 필립은 사무실에 일찍 나와 헨리를 기다리고 있었다. 헨리가 노크를 하자 필립은 기다렸다는 듯 방문을 열어 헨리를 반갑게 맞았다. 헨리는 이제 필립이 아주 가까운 사이처럼 여겨졌다.

"어서 오세요. 안으로 들어갑시다."

필립의 사무실은 그의 집과 마찬가지로 안락하면서도 소박했다. 최고경영자의 사무실로 보이지 않을 정도로 필요한 것들만 갖춰놓은 모양새였다.

벽에는 스포츠 기념품들이 가지런히 걸려 있었고 책장도 잘 정돈되어 있었다. 커다란 창문 너머에는 울창한 숲이 펼쳐져 있었고, 그 창가에는 둥근 탁자가 놓여 있었다.

필립은 헨리에게 창가에 앉아 이야기를 나누는 게 어떻겠냐고 제안했고, 헨리는 흔쾌히 응했다.

두 사람은 창가에 앉아 차를 마시며 이야기를 시작했다. 헨리는 어제 골프 경기에서 경험한 일을 어서 빨리 필립에게 들려주고 싶어 마음이 급했다. 그는 탁자에 앉자마자 흥분된 목소리로 말했다.

"어제 친구와 골프를 쳤는데 멋진 버디를 쳤답니다! 정말 멋진 경험이었어요."

헨리의 이야기를 듣는 필립의 표정도 함께 환해졌다. 그가 기뻐하며 말했다.

"듣기만 해도 기쁘군요! 부정적인 생각을 없앤 덕분에 당신의 실력이 향상된 거겠죠?"

"네, 물론입니다. 정말 황홀한 경험이었습니다."

"그래요. 긍정적 사고의 힘을 경험하는 것은 참 행복한 일이지요. 어때요? 수잔과의 만남도 그런 경험이었나요?"

"네, 정말 유익한 대화였습니다. 특히 파란불 사고라는 개념을 듣고 생각한 바가 많습니다. 마음에 깊이 파고드는 내용이었어요."

헨리의 말에 필립이 고개를 끄덕였다.

"그래요. 이미 들었겠지만 파란불 사고와 신호등 사고방식은 수잔에게 많은 도움을 주었지요. 물론 다른 직원들도 마찬가지고요. 그 사고방식 덕분에 수잔은 정보를 판단하고 선별하는 새로운 방식을 개발하게 되었답니다."

"그런 것 같았습니다. 심지어 수잔은 이제 부정적인 피드백을 하거나 위험성을 경고하는 것이 더 힘들다고 말하더군요."

"하하, 그렇게 말하던가요? 그건 그냥 하는 소리예요. 수잔은 이전보다 훨씬 더 명석하게 COO 역할을 수행하고 있답니다."

필립은 활짝 웃으면서 덧붙여 말했다.

"수잔은 일단 필요하다고 생각되면 그 어떤 훌륭한 주장에서도 문제가 될 만한 부분을 정확하게 짚어냅니다. 물론 예전과는 확연히 달라졌죠. 그녀는 새로운 기획과 아이디어에 가장 큰 응원을 보내면서도 놓치기 쉬운 부분을 잘 찾아서 채워주는 사람이랍니다."

"정말 더 훌륭한 COO가 된 거군요!"

"네, 그래요. 그녀는 회사에 활력을 불어넣고, 오차 없이 일을 추진해가죠. 우리 회사의 '미래연구소'를 창립한 주요 인물이기도 하고요."

"미래연구소요?"

"네, 우리 회사에서 진행하는 수많은 프로젝트 중에서도 가장 핵심적인 일을 수행하는 부서이죠."

"아, 그렇군요. 주로 어떤 일을 수행하나요?"

"그 이야기를 하기 위해선 미래연구소의 탄생에 대해서 먼저 이야기해야겠군요."

필립은 미래연구소를 설립하던 때를 상기해보는 듯 잠시 말을 멈추고 창밖을 바라보며 생각에 잠겼다. 그가 잠시 뒤 다시 입을 열었다.

"10여 년쯤 전이었을 겁니다. 세상이 너무 빠르게 변화하고 있다는 생각이 들더군요. 그때 저는 현재를 관리하면서 동시에 미래를 위한 준비를 해야 한다는 확신을 가지게 되었습니다. 하지만 회사의 구성원들은 대개 현재를 관리하고 있죠."

"네, 그렇지요."

헨리가 고개를 끄덕이며 거들었다.

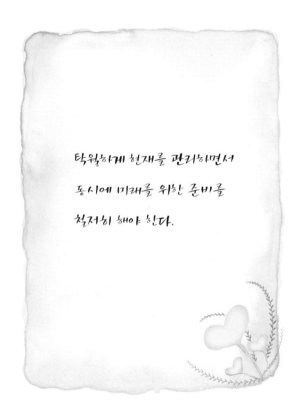

탁월하게 현재를 관리하면서

동시에 미래를 위한 준비를

철저히 해야 한다.

"그래서 저는 현재를 관리하며 업무를 추진하고 있는 사람에게 미래를 계획하도록 맡기는 것이 좋은 방법이 아니라고 생각했습니다. 만약 그렇게 한다면, 맡고 있는 현재의 책임들로 인해 미래를 계획하는 것은 뒷전으로 밀려날 수밖에 없겠죠. 사람들은 대개 현재에 너무 압도되거나 현상에만 관심을 쏟게 마련이니까요."

"네, 맞습니다. 누군가는 미래를 준비해야 하죠."

"그래요. 그렇기 때문에 현재를 능수능란하게 관리하면서도 미래를 위한 사고를 할 수 있는 사람을 찾아야 했지요."

"와, 정말 쉽지 않은 일이었겠는걸요."

"네, 정말 그랬습니다."

필립은 당시의 고생이 생각나는 듯 고개를 끄덕이며 커피를 한 모금 마셨다. 필립이 다시 이야기를 이었다.

"그래서 저는 미래연구소를 만들기로 하고 제 아내 앨리스에게 소장을 맡도록 했지요. 아, 제 아내 이야기는 처음이군요. 앨리스는 정말 탁월한 가능성 사고자랍니다. 제가 아는 사람 중에 가장 훌륭한 긍정적인 마인드를 가진 사람 중 한 명이지요."

"그렇군요. 왠지 필립의 부인이라면 분명히 그럴 것 같네요."

헨리의 말에 필립이 수줍게 미소를 지었다.

"그리고 저는 회사의 일상적인 운영과는 관련이 없는 세 명의 직원을 스태프로 발령했습니다. 그들에게 맡겨진 업무는 말 그대로 미래를 내다보는 일이었습니다. 우리가 추진하는 사업에 혼란을 가져올 수 있는 사건이나 기술 혁신의 미래를 먼저 내다보는 것이었죠. 미래를 연구하는 업무라고 할 수 있을 겁니다."

"와, 듣기만 해도 멋진 일이군요."

"하하, 그런가요. 헨리, 당신도 알겠지만 미래를 내다보지 못하면 업무를 수행하는 데 있어서 어려움에 처할 수도 있잖습니까? 예컨대 9.11 테러가 일어난 뒤에 비즈니스맨의 교육, 인재개발 사업 부문은 엄청난 타격을 입었습니다. 하지만 우리는 모든 상황을 판단하고 미래를 내다보는 안목을 통해 위기를 슬기롭게 넘어설 수 있었습니다."

"네? 어떻게요? 그땐 정말 많은 사업 부문들이 위기에 처했잖습니까? 당시 사람들은 아무것도 하지 않으려 했고, 그 어떤 시도도 무용한 것이라고 여겼던 것 같은데요."

헨리의 말에 필립이 고개를 끄덕이며 답했다.

"네, 정말 그랬지요. 하지만 앨리스와 직원들은 이미 전화 회의나 이러닝(e-learning), 원격 회의 등 온갖 종류의 멋진 아이템을 연구해온 상태였습니다. 그것이 주효했던 것이죠. 덕분에 최근에는 우리 회사의 강사 2명이서 새벽 2시부터 3시까지 유럽의 6개국에 흩어져 있는 120명의 관리자를 상대로 컴퓨터와 전화를 이용해 교육을 실시하기도 했는걸요. 여기 이 건물에 앉아서 말입니다."

"와, 놀라운걸요. 위기가 새로운 사업의 기회를 만들어준 것이군요. 그런데 관리자들도 만족하던가요?"

"물론입니다. 그들은 무척 만족했습니다."

"정말 멋지군요. 그러니까 필립, 당신 회사에는 미래에 대한 긍정적인 가능성의 필터링 시스템을 운영하는 부서가 따로 있는 셈이군요."

"네, 그래요. 그리고 수잔은 현재를 탁월하게 운영하면서 미래를 내다볼 수 있는 능력을 지닌 몇 안 되는 사람으로, 미래연구소 창립 멤버지요."

헨리는 모든 걸 이해할 수 있다는 듯 고개를 끄덕였다. 두 사람은 잠시 말없이 생각을 정리했다. 잠시 뒤 헨리가 가방에서 노트를 꺼내, 전에 필기한 내용을 훑어보면서 말했다.

"필립, 지금까지 지식을 실천하지 않는 두 번째 원인이라고 말씀해주신 '부정적인 필터링'에 대해서 많이 배웠습니다. 긍정적인 마음가짐과 파란불 사고가 이런 문제를 해결해줄 수 있다는 것은 충분히 이해했고, 또 실제로도 경험했습니다."

"네, 당신은 고민해온 만큼 이해도 빠르고 실천도 빠르다는 걸 저도 느끼고 있는 참입니다."

필립의 기분 좋은 칭찬에 헨리는 상기된 목소리로 감사의 인사를 전했다. 그리고 나서 차분하게 말했다.

"필립, 이제 마지막으로 세 번째 원인에 대해 말씀해주시겠습니까? 저는 여기에 대해 배울 준비가 되어 있답니다."

헨리의 적극적인 태도에 필립은 기뻐했고, 두 사람은 잠시 말없이 차를 마셨다. 헨리의 머릿속에는 여러 가지 기대가 가득 차 있었다.

사람들이 자신의 노하우를 실행에 옮기지 않는
두 번째 이유 :

부정적 필터링

- 우리는 어린 시절 무조건적인 사랑과 지지를 받지 못한 탓에 자신과 남을 불신한다.

- 자신감의 상실은 우리로 하여금 책이나 CD, 비디오, 세미나, 혹은 대화 형태의 모든 정보를 우유부단하고 폐쇄적이며 두려워하고 비판하는 마음자세로 걸러내게 만든다. 이는 곧 부정적인 사고로 이어진다.

- 부정적인 사고는 우리를 이렇게 만든다.

- 우리가 보고 듣는 모든 것 중에서 오직 일부분만 배우고 활용하게 만든다.

- 우리에게 가능한 것 중에서 극히 일부분만을 이루게 만든다.

- 너무나 빨리, 너무나 적은 것만을 받아들이게 만든다.

- 우리는 긍정적인 마음을 가지고 있을 때 가장 훌륭하게 성장할 수 있다. 이런 마음자세가 우리의 창의력, 독창성, 기지에 불을 붙여, 우리의 기대를 뛰어넘는 더 큰 가능성을 열어 준다.

- 우리는 마음을 열기 위한 방법을 찾아야 한다. 새로운 정보를 접하게 되었을 때 틀린 부분을 찾기보다는 다음과 같이 다짐하면서 적극적으로 파란불 사고를 해야 한다.

  "내가 읽고 있는, 혹은 듣고 있는 이것에는 분명 뭔가 가치 있는 것이 들어 있다. 그것이 무엇일까?"

- 부정적인 마인드를 긍정적인 마인드로 바꾸는 것은 운에 맡겨 둘 문제가 아니다. 일단 바꾸기로 마음을 먹었으면, 그 새로운 사고방식을 지속적으로 강화시키기 위한 구체적인 전략을 마련해야 한다.

Know Can Do

chapter 4

지속하는 힘

의지의 부족

헨리는 다소곳이 두 손을 모으고 필립을 바라보았다. 단 한 마디도 놓치지 않겠다는 자세처럼 보였다.

필립은 그런 헨리의 모습이 매우 인상적이었다. 조금 시간이 흐른 뒤 필립이 평온한 목소리로 입을 열었다.

"헨리, 당신은 지금껏 내가 만난 많은 사람 중에 가장 열정적인 태도를 가진 사람이군요. 마치 학생 같습니다."

필립의 칭찬에 헨리는 다시 한 번 수줍게 웃었다. 필립도 그런 헨리의 모습이 대견한 듯 큰 소리로 웃으며 말했다.

"하하, 수줍음도 타시나요? 헨리, 당신은 적은 양의 정보를 통해서도 많은 지식을 얻는 것 같군요."

"모두 필립 덕분입니다. 당신을 통해 돌멩이 하나에도 가르침이 숨어 있다는 사실을 깨달았습니다. 어제 골프를 치면서도 그런 생각을 했지만 배운 것을 실천하고 그것을 통해 무언가를 얻는 일은 참 대단한 것 같습니다."

헨리와 필립은 무한한 신뢰감이 담긴 눈빛으로 서로를 바라보며 미소 지었다.

잠시 뒤 헨리가 먼저 질문하는 것으로 대화가 시작되었다. 그는 자신의 노트를 가리키며 말했다.

"지금까지 배운 것을 정리한 이 노트를 다시 한 번 보니 느껴지는 바가 많습니다. 이제 지식을 실천하지 않는 세 번째 이유에 대해 설명해주세요."

"하하, 노트가 아주 멋진걸요. 자, 그럼 이제 세 번째 이유 '의지의 부족'에 대해 자세히 이야기해보도록 하죠."

필립은 목소리를 가다듬고는 차근차근 설명하기 시작했다.

"헨리, 당신이 만약 새로운 무언가를 접했다고 가정해봅시다. 그건 새로운 기술일 수도 있고, 새로운 업무처리 방식일 수도 있어요. 그런데 그것을 구체화한 계획을 가지고 있지 않다면 어떨까요?"

헨리는 잠깐 생각에 잠겼다가 대답했다.

"아마 본래의 습관대로 업무를 처리하거나 기술을 구사하겠지요."

"맞습니다! 자신이 얻은 새로운 지식을 실천하기 위해서는 반드시 사후관리 계획을 가져야 합니다."

헨리가 고개를 끄덕이며 필립의 말에 귀를 기울였다. 필립은 그를 바라보며 다시 말했다.

"수잔의 경우도 마찬가지였습니다. 지는 수잔에게 그녀가 부정적인 마음자세를 가지고 있다는 사실을 여러 가지 방법으로 이해시켰습니다. 그런데 만약 제가 그녀에게 그 어떤 사후관리 계획도 제시해주지 않았다면 어땠을까요?"

"음……, 글쎄요. 어쩌면 여전히 '미스 노(NO)'일지도 모르겠는걸요."

"그래요. 바로 그겁니다. 만약 수잔이 사후관리 계획을 가지고 있지 않았다면 그녀는 당신 말대로 여전히 사람들을 괴롭히는 '미스 노'였을 겁니다. 물론 한동안은 노력했을 겁니다. 하지만 그리 오래가지는 못했겠죠."

"아, 무슨 말씀인지 알 것 같습니다. 문득 피터 드러커 박사의

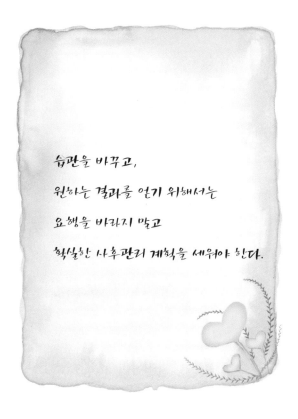

습관을 바꾸고,

원하는 결과를 얻기 위해서는

요행을 바라지 말고

확실한 사후관리 계획을 세워야 한다.

말이 떠오르네요. '좋은 일은 절대 우연으로 얻을 수 있는 게 아니다'라는 이야기 말입니다."

"하하, 그 이야기를 알고 있군요. 참 멋진 말이죠. 습관을 바꾸고, 원하는 결과를 얻기 위해서는 요행을 바라지 말고 정말 확실한 사후관리 계획을 세워야 한답니다."

"네, 무슨 말씀인지 이해가 됩니다. 그렇다면 그 사후관리 계획은 정확히 어떤 것을 말씀하시는 건가요?"

"사후관리 계획을 세운다는 것은 체계적인 시스템과 지원, 책임감을 갖는 것입니다. 이 세 가지가 제대로 갖춰져야만 제대로 된 사후관리 계획을 세울 수 있습니다. 그리고 이것을 제대로 하지 못함으로써 지식을 실천하지 못하는 거지요."

체계적인 계획

 필립이 잠시 말을 멈추었다가 헨리의 표정을 살피곤 다시 말했다.

"잊지 말아야 할 건, 지식을 실천하지 않는 세 가지의 원인 중에 이 세 번째 원인이 가장 까다로운 장애물이라는 사실입니다. 그렇기에 우리에게 더더욱 계획이 필요한 거고요."

"네, 그렇군요. 그런데 정말 가장 까다로운 장애물일까요?"

헨리가 고개를 갸웃하며 말했다. 그는 여전히 풀리지 않는 수학문제를 대면하고 있는 듯한 기분을 지울 수 없었다. 그는 온갖 공식을 가져와 대입해보는 학생처럼 골몰하며 다시 물었다.

"왜 사후관리 계획이 가장 까다롭다는 건지 잘 모르겠는걸요."

"일단 제 개인사를 들려드리죠. 잠시 실례해도 될까요?"

필립은 헨리에게 양해를 구한 후 자리에서 일어났다. 그러고는 그리 넓지 않은 사무실 안을 천천히 거닐며 나지막한 목소리로 이야기하기 시작했다.

"제게 사후관리 계획의 중요성을 가르쳐주신 분은 아버지입니다. 제 아버지는 독일 출신의 가구를 만드는 장인(匠人)이셨죠. 솜씨가 정말 뛰어나셨답니다."

필립은 어린 시절이 떠오르는 듯 만면에 미소를 지으며 어린아이 같은 표정을 지었다. 그런 순수하고 맑은 표정이 나온다는 게 신기할 정도였다. 그가 계속 말을 이었다.

"아버지는 제게 항상 '기꺼이 가르침을 받을 생각이 없다면 절대로 시작하지 말라!'고 강조하셨답니다."

"무슨 뜻이셨을까요?"

헨리가 고개를 갸웃하며 물었다.

"그건 말입니다. 만약 무언가를 배우고 싶다면, 정말 잘하는 사람 밑에서 즐거운 마음으로 일하라는 뜻이었습니다. 아버지는 제가 지금껏 보아온 사람 중 가장 훌륭한 스승이었습니다. 아버지가 제게 적용했던 사후관리 시스템은 간단했습니다."

필립은 그렇게 말하고는 책상 뒤에 놓인 서류함에서 서류철을
뒤적이더니 그에게 문서 한 장을 내밀었다.

알려주고,

　보여주고,

　　시켜보고,

　　　고쳐주고,

　　　　알려주고,

　　　　　보여주고,

　　　　　　시켜보고,

　　　　　　　고쳐주고,

　　　　　　　　알려주고,

　　　　　　　　　보여주고……

헨리는 문서에 적힌 내용을 유심히 살펴보았다. 그가 문서에
서 눈을 떼고 필립을 바라보자 필립이 다시 말을 이었다.

"거기 적힌 것처럼 아버지께서는 계속하여 '알려주고, 보여주
고, 시켜보고, 고쳐주고' 이 과정을 끝도 없이 반복하셨습니다.

아버지만의 사후관리 시스템이었던 거죠. 자, 여기에서도 반복이 강조된답니다."

필립이 반복이란 단어에 힘을 주며 한쪽 눈을 찡긋했다. 헨리도 빙그레 미소를 지었다. 필립이 계속해서 이야기를 이어갔다.

"아버지는 제게 말하고 싶거나 보여주고 싶은 게 있으면 제 머릿속에 단단히 세뇌될 때까지 끊임없이 반복하셨어요. 한 번은 이런 일도 있었답니다. 어느 날 폐품 처리장에서 고물 자전거를 한 대 끌고 오셨어요. 제게 주는 선물이라고 말씀하시더군요. 그게 제 생애 첫 번째 자전거였답니다."

"첫 자전거였는데 폐품이었다고요?"

"네, 과연 달릴 수나 있을지 의심되는 고물 자전거였어요. 하지만 아버지는 그 자전거의 부품을 하나하나 분해하더니 깨끗하게 닦고 수리하여 다시 조립해주셨습니다. 그리고 그 과정을 옆에서 지켜보게 하셨죠. 아버지의 모습은 참 멋있었어요. 브레이크를 조이고, 체인의 녹을 닦아내고, 다시 기름칠을 하고, 바퀴의 살을 새로 달고, 모양이 갖춰지자 페달을 돌려 전반적인 점검까지 마치셨죠. 자전거는 처음 아버지가 가져오신 것과 달리 아주 근사한 모습으로 달라졌습니다."

"와, 무척 설렜겠는걸요."

"물론이에요. 그때 쿵쾅 쿵쾅 가슴이 얼마나 뛰던지 지금 생각해도 흥분이 됩니다. 저는 속으로 '이제 내 자전거가 생겼구나. 친구들에게 자랑해야지' 하며 행복해했죠. 아버지가 '자, 네 자전거야! 한 번 타보렴' 하고 말씀하시기만을 기다렸습니다. 그런데 바로 그 순간, 아버지는 '필립, 잘 봤지? 이제 다시 분해할 거란다' 하시면서 자전거를 다시 분해하시는 게 아니겠습니까!"

"네? 아니 왜요?"

"저도 영문을 몰라 멍하니 서 있었는데 아버지가 다 분해한 자전거 앞으로 저를 부르시더니 제게 '필립, 이건 네 자전거니까 네가 조립할 수 있어야 해. 그래야만 진짜 네 자전거가 되는 거란다'라고 하시더군요."

"와, 그런 깊은 뜻이 있었군요."

"네, 결국 저는 눈 감고도 자전거를 조립할 정도가 될 때까지 분해하고 조립하는 과정을 수없이 반복해야 했습니다. 처음에는 손도 서툴고, 힘도 들었지만 나중에는 자전거에 문제가 생겨도 아버지나 다른 사람의 도움 없이도 수리할 수 있을 정도가 되었죠."

"대단하시네요."

헨리는 감탄하면서 그 상황들을 상상해보았다. 잠시 뒤 헨리는 뭔가 발견한 사람처럼 큰 소리로 말했다.

"와, 필립! 그러고 보니 아버지께서 당신에게 체계적인 시스템을 가지고 자신의 것에 대해 책임감을 가지는 방법을 알려주신 거군요!"

"하하, 헨리 당신은 정말 못 당하겠군요. 그래요, 아버지는 올바른 교육법을 본능적으로 알고 계셨던 거예요. 어떻게 하면 되는지 보여준 다음 사후관리도 확실히 해주신 거죠. 덕분에 저는 일의 이치를 완벽하게 이해하게 됐답니다."

필립은 헨리를 보며 미소 짓고는 이야기를 정리하듯 말했다.

"세상의 모든 일은 아무리 새로운 방식을 접했더라도 사후관리가 이루어지지 않는 한 예전의 방식으로 돌아갈 수밖에 없다는 진리를 깨달았습니다. 그렇기에 새로운 지식을 얻었을 때는 곧바로 실습을 해봐야 하고, 새로 습득한 기술을 빨리 사용하면 할수록 그 기술을 마스터하기 쉬워진다는 것을 알게 된 거죠."

"와, 정말 멋진 일인걸요."

두 사람은 환하게 웃은 뒤 각자 차를 한 모금 마셨다.

잠시 뒤 필립이 주의를 환기시키며 말했다.

"하지만 반드시 기억해야 할 것이 있어요."

"그게 뭔가요?"

헨리는 필립에게 온전히 집중하며 그의 대답을 기다렸다.

"그건 실습을 할 때 내가 과연 올바르게 하고 있는지 항상 점검해야 한다는 거예요."

필립은 짧게 대답하고는 아까 꺼낸 서류철에서 다른 문서 한 장을 꺼내 헨리에게 내밀며 말했다.

"제 아버지는 이 사실을 이렇게 정리해서 말씀해주셨습니다. 생각해보면 인생의 모든 진리가 담긴 말인 것 같아요."

헨리는 메모를 받아들어 읽었다. 거기에는 단 두 줄의 문장이 적혀 있었다.

연습이 완벽을 낳는 것이 아니라,
완벽한 연습만이 완벽을 낳는다.

완벽한 마스터

 메모를 읽은 헨리는 말없이 고개를 끄덕였다. 그
의 머릿속으로 여러 가지 생각이 펼쳐졌다.

헨리는 달걀로 바위를 치는 일이 아무런 의미가 없는 것처럼
제대로 된 연습이 중요하다는 생각을 했다. 그리고 잘못된 길을
갈 때 지적을 해주고 고쳐주는 스승의 중요성을 마음에 새겨야
겠다고 다짐했다. 그런 다짐을 하자 헨리는 문득 자신의 학창시
절이 떠올랐다.

헨리가 나직한 목소리로 말했다.

"이 글귀를 보니 제 학창시절이 떠오르네요. 그때 전 제대로
된 계획을 가지고 있지 않은 학생이었습니다. 항상 시험이 코앞

에 닥쳐야 벼락치기로 공부를 했어요. 시험 전날에는 항상 후회를 했죠. '매일 복습을 했더라면 이 고생을 하지 않았을 텐데……' 하고 말이죠. 더구나 학기말이 되면 후회는 더 커졌습니다. 분명히 중간시험에서 공부한 내용인데도 하나도 생각이 나지 않았으니까요. 생각해보면 시험을 볼 때마다 다짐했던 것을 그냥 넘기지 않고, 체계적으로 관리했다면 성적이 훨씬 좋아졌을 것 같네요. 그리고 핑계 같지만 그때 저를 관리해주는 선생님이 계셨다면 좀 더 좋았을 거 같다는 생각도 들고요."

헨리의 말에 필립이 미소를 지었다.

"하하, 그런 경험은 누구나 가지고 있군요. 그런데 스승도 중요하지만 결국 가장 중요한 건 자기 자신 아니겠어요?"

필립이 다시 한 번 활짝 웃고는 말을 이었다.

"자전거 수리도 마찬가지였어요. 아버지의 사후관리는 내가 그 기술을 가능한 한 빨리, 여러 번 실습할 수 있는 기회를 제공하는 거였지요. 결국 내 실력에 책임을 지는 것은 나 스스로였던 거예요. 아버지는 내 실력에 대해 내가 스스로 책임을 지도록 독려해주신 거고요. 물론 혼자서도 잘할 수 있다는 확신이 드실 때까지 지겹게 반복하게 하시긴 했죠."

"필립, 당신의 아버지는 정말 멋진 분이신 것 같아요. 그런데 자전거 말고 다른 것도 분해하고 조립해봤나요?"

"하하, 물론이에요. 내 아버지 사전에 예외란 없습니다. 자전거에서 자동차로 매개체가 달라졌을 뿐이지요."

"자동차요? 설마 그것도 분해하고 조립하게 한 건 아니겠죠?"

"하하, 제가 말했죠. 내 아버지 사전엔 예외란 없다고요. 어느 날 아버지께서 내게 낡은 자동차를 한 대 사주셨습니다. 얼마나 고물자동차인지 시동도 걸리지 않아서 집까지 견인해서 가져왔다니까요."

필립이 당시의 기억이 떠오르는지 귀엽게 눈가를 찡그렸다. 헨리는 그 표정이 너무 순수해서 기분이 좋아지는 것 같았다. 필립이 다시 말을 이었다.

"이미 예상했겠지만, 아버지가 차를 사주셨을 당시에는 전 차에 대해서는 하나도 아는 게 없었어요. 변속기가 뭔지, 마스터 실린더가 뭔지, 엔진헤더나 배기관은 또 뭔지 전혀 몰랐습니다. 그런데도 아버지는 저와 함께 자동차를 분해한 다음, 능숙한 솜씨로 정비를 하고 다시 조립하셨습니다."

필립이 잠시 말을 멈추고 헨리를 향해 미묘한 표정을 지었다.

마치 '당신은 이미 다음 상황을 예측하고 있겠죠?'라고 묻는 것 같은 표정이었다. 아니나 다를까 필립이 넌지시 말했다.

"다음은, 아시겠지요? 아버지는 보란 듯이 다시 자동차를 분해하셨죠. 그리고 자전거와 마찬가지로 분해하고 조립하는 과정을 반복하셨어요. '알려주고, 보여주고, 시켜보고, 고쳐주고……'를 계속하신 거죠."

"완전히 숙달될 때까지 말이죠?"

"네, 완전히 숙달될 때까지요. 지금도 다 정비한 자동차를 완전히 분해한 다음 저를 보며 하시던 말씀이 생생합니다. '자, 필립! 어서 조립해봐. 네가 이 차를 완벽하게 조립해내면 이 차는 네가 가져도 좋아!'라고 하시면서 얼마나 환하게 웃으셨는지 모릅니다. 솔직히 전 너무 당황하기도 했고, 화가 나기도 했어요. 자전거도 아니고 자동차잖습니까!"

필립은 당시에 정말 화가 났었는지 약간 격양된 목소리로 말했다. 헨리 역시 혀를 내둘렀다.

"와, 정말 대단하신 분인걸요. 솔직히 원망스러웠겠어요. 결코 쉬운 일이 아니었을 텐데 말이에요."

"절대 쉽지 않았죠!"

필립의 목소리는 여전히 상기되어 있었다.

"그렇다고 포기할 수는 없었습니다. 오기도 생겼죠. 어쨌든 아버지가 말한 대로 내가 해내기만 한다면 내 자동차가 생기는 거잖아요. 꿈에도 그리던 내 차 말입니다!"

"그럼요. 저도 한때는 차에 목숨을 걸었었죠."

"하하, 그렇군요. 그러니 제가 얼마나 열을 올렸을지 짐작이 가시죠? 물론 세월이 한참 흐른 후에 아버지가 제게 뭘 가르쳐주고 싶어 했는지 이해했지만 당시엔 그저 차가 가지고 싶었을 뿐이었어요."

필립은 다시 평정을 찾은 모습으로 말했다.

"헨리, 배움은 머릿속에서 이루어지는 것이 아닙니다. 아는 것을 실천할 수 있는 계획을 세웠을 때 이루어지지요. 제가 왜 평생 배움에 열성적인지 그 까닭을 아세요?"

필립이 강한 기운이 넘치는 목소리로 물었다. 그는 헨리의 대답을 듣고자 한 것이 아니라 강조하고 싶은 듯했다. 헨리는 필립의 말을 기다렸다. 잠시 뒤 필립이 말했다.

"바로 '배움을 열망하고, 배움을 위한 계획을 갖고 있는 사람만이 성공한다'는 진리를 믿기 때문입니다."

헨리도 조용히 고개를 끄덕였다. 필립은 이에 대해 좀 더 자세히 설명해주었다.

"배움에 대한 의욕과 계획이 없는 사람은 성공하기가 무척 힘듭니다. 무엇보다 고생을 참고 견딜 수 있는 동기 부여가 없기 때문이죠. 예컨대 아버지는 제게 그 차를 조립해야 하는 필요성과 계획을 마련해 주신 셈이죠. 그리고 저는 스스로 해냈기에 더 많은 애착을 가지고 열망을 가지게 되었고요. 그러니 제가 군 입대 전에 내 첫 자동차인 모델 A(Model A, 포드 사에서 나온 옛날 자동차 이름)를 팔아야 했을 때 얼마나 섭섭했는지 모릅니다. 마치 오랜 친구를 떠나보내는 심정이었답니다."

"그렇군요. 그런데 또 다른 경험이 있으신가요? 아버지가 가르쳐주신 사후관리 습관을 계속 지켜나갔는지가 궁금합니다."

"하하, 물론입니다. 군대생활을 이야기해드리죠. 전 사우스캐롤라이나의 포트 잭슨 육군 기지로 입소했습니다. 그리고 그곳에서도 저는 기록을 세웠어요."

"군대에서요? 무슨 기록을 세웠는데요?"

"당시 군에서는 기술이 제대로 보급되지 않았고, 군인의 수도 부족했기 때문에 총기류 관리가 굉장히 힘들었어요. 그래서 사

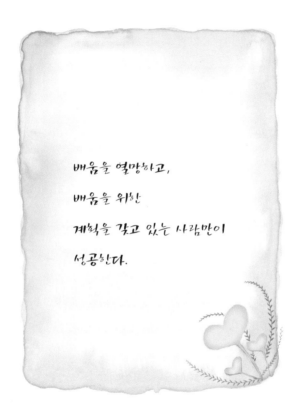

배움을 열망하고,

배움을 위한

계획을 갖고 있는 사람만이

성공한다.

단장이 포상휴가를 걸고 총기류를 분해하여 청소하고, 다시 조립하는 대회를 열게 했습니다. 원래 소총만 대상이었는데, 저는 소총부터 시작해서 온갖 총기류를 전부 분해하고 조립해냈죠. 물론 다른 사람들보다 훨씬 빠르고 솜씨도 좋았어요. 사단 전체에서 최고의 기록을 보유할 정도였죠."

"아버지한테 배운 것을 제대로 적용했군요."

필립은 고개를 끄덕이며 짐짓 자랑스러운 목소리로 말했다.

"제게는 목표가 있었고, 그것을 위해 끊임없이 연습했어요. 아버지에게 배운 덕분에 방법은 알고 있으니 필요한 건 철저한 관리였죠. 그런데 이런 방식은 제 인생 전반에서 아주 중요하게 작용했어요. 쑥스럽지만 제 성공의 비결이라고 할 수 있을 겁니다."

헨리는 필립의 말에 집중했다. 그가 계속 말을 이었다.

"그리고 조금 다른 범주이긴 하지만 아버지의 교육 방식은 제게 아주 큰 선물을 가져다주기도 했어요. 우리 회사의 교육개발 프로그램을 만드는 데 큰 도움이 되었거든요. 아는 것을 실제로 사용해 완벽하게 마스터하지 않으면 아무런 의미가 없다는 걸 파악했기에 많은 이들에게 효과적인 교육 프로그램을 만들 수 있었답니다."

"그렇군요. 필립, 당신의 목소리에서 아버지에 대한 감사와 자부심이 느껴집니다."

헨리는 멋진 아버지를 둔 필립이 부러웠고, 또 아버지의 가르침을 제대로 익혀 성공을 이룬 필립이 대단하다고 생각했다.

칭찬의 힘

헨리는 필립이 아버지에게서 배운 그만의 성공 비결에 진심으로 매료되었다. 그런데 한 가지 마음에 걸리는 점이 있었다.

헨리는 조심스러운 목소리로 필립에게 물었다.

"그런데 필립, 한 가지 궁금한 게 있습니다. 아버지께서 굉장히 엄한 분이셨나요? 아들에게 칭찬과 격려로 동기를 주기보다 책임감을 강조하신 것 같군요."

필립은 헨리가 경이롭다는 듯 한참을 쳐다보았다. 그리곤 천천히 입을 열었다.

"그래요, 맞습니다. 바로 맞추시는군요. 아버지께서는 제가 성공하기를 바라셨고, 그래서 제가 스스로의 성과에 대해 책임질 수 있도록 체계를 잡아주셨지요. 하지만 아버지는 칭찬이나 격려를 많이 해주시는 스타일은 아니셨어요."

"그럼, 아버지는 당신이 잘한 일을 한 번도 '잡아내신' 적이 없습니까?"

"하하, 잡아낸다고요? 특이한 방식으로 표현하시는군요."

필립이 관심을 보이자 헨리는 평소 자신이 가지고 있는 칭찬과 격려에 관한 생각을 설명하기 시작했다.

"제가 책과 강의에서 가장 중시하는 것이 바로 칭찬에서 나오는 힘입니다. 개개인의 발전과 조직의 성장을 위해서 긍정적인 면을 강조하는 것이죠. 그래서 저는 관리자나 교육 담당자들에게 항상 '직원들이 완벽해질 때까지 기다렸다가 칭찬하는 게 아닙니다. 그들은 처음에는 서툰 모습을 보입니다. 이는 당연합니다. 하지만 이때도 칭찬을 해줘야 합니다. 과정을 칭찬하십시오. 여러분은 움직이는 과녁을 다루고 있다는 사실을 잊지 마십시오'라고 말합니다. 이건 제 생각의 단적인 표현이지요. 저는 먼저 잘한 부분을 칭찬한 후에 실수를 고쳐주거나 방향을 잡아줘야 한다고 생각합니다."

"하하, 그렇군요. 사실 저희 아버지의 방식과는 완전히 다르지만 저 역시 헨리와 같은 생각을 한답니다. 물론 제 아버지는, 당신 식으로 표현하자면 제가 잘한 일을 잡아낸 적이 한 번도 없습니다. 항상 어떻게 해야 좀 더 잘할 수 있을지 그것만 말씀하셨지요."

"정말인가요?"

헨리는 의구심이 가득한 목소리로 물었다.

"그래요, 사실이에요. 눌론 아버진 제가 잘되기를 바라셨지만 아버지의 방식이 제게 일면 부정적인 영향을 미친 것도 사실이고요. 제가 이런 내용을 깨달은 건 불과 몇 년 전이랍니다."

"네? 부정적인 영향이라고요? 칭찬에 인색하셨던 건 물론 사실인 것 같지만 그렇다고 부정적인 영향을 미쳤다고 볼 수 있을까요?"

헨리는 뜻밖의 이야기에 다소 놀란 듯했다. 필립은 차분히 대답했다.

"네, 말씀드린 대로 불과 몇 년 전에 알았지만 제 인간관계에 있어서 한 가지 중요한 영향을 끼쳤더군요. 보험 사업을 하던 시절이었습니다. 저는 일 년에 수백 명의 판매사원을 채용했지요.

당연히 직원 교육도 수없이 했습니다. 알려주고, 보여주고, 시키고, 고쳐주면서요. 그러던 어느 날이었습니다. 한 직원이 다가와서 넌지시 '필립, 가끔은 잘했다고 직원들에게 칭찬 좀 해주세요. 그러면 훨씬 힘이 날 것 같아요'라고 하더군요. 뒷통수를 한대 맞은 기분이었어요."

필립은 잠시 숨을 가다듬고 말을 이었다.

"저는 오랫동안 깊은 생각에 빠졌습니다. 돌이켜보니 그 직원의 말이 전적으로 옳다는 걸 알게 되었죠. 그리고 저는 그 직원의 말처럼 칭찬하면서 사후관리를 할 수 있는 실천 방법을 찾아야 한다고 생각했어요. 그때 얼마나 고생했는지 모릅니다."

헨리가 고개를 끄덕이며 말했다.

"필립, 사람들은 대부분 그렇습니다. 상대의 장점을 찾아내 칭찬하기보다 결점을 찾는 데 훨씬 더 능숙하죠. 그렇기 때문에 칭찬하는 것을 어려워합니다. 당신이 얼마나 고생했을지 짐작이 갑니다."

"네, 그렇더군요. 칭찬 역시 익숙해질 때까지 참 어려운 일이었습니다. 하지만 저는 그 경험을 통해 또 하나의 사실을 깨달았습니다. 바로 칭찬이 너무 박하면 사람들은 적당히만 노력하거나 아예 포기해 버리거나 반대로 성공 강박증에 걸리기도 한다는 걸 말입니다."

헨리는 필립을 향해 넌지시 물었다.

"성공 강박증이란 혹시 당신의 이야기인가요?"

헨리가 묻자 필립이 나지막이 숨을 내쉬며 답했다.

"그래요. 역시 칭찬에 관해서는 헨리 당신이 전문가네요! 예상했겠지만 저는 오랫동안 성공 강박증에 휩싸여 있었습니다. 하지만 당시에는 잘 몰랐고, 말한 대로 한참 후에야 깨달을 수 있었습니다. 제가 노력한 까닭이 아버지에게 인정받고 싶어서였다는 사실을 말입니다."

헨리는 필립의 말을 듣고서 무릎을 탁 쳤다.

"그래요. 제가 계속 궁금하게 생각했던 부분이 바로 그거였습니다. 필립의 아버지는 훌륭하신 분이지만 그 사후관리에 '옳지, 바로 그거야!', '정말 잘하는걸!' 같은 칭찬이 빠져 있다는 게 내내 걸렸거든요. 저라면 '시켜보고'와 '고쳐보고' 사이에 '칭찬하고'를 넣었을 거예요."

헨리의 말에 필립이 고개를 끄덕이며 말했다.

"하하. 헨리, 당신의 말씀이 옳습니다. 아버지의 사후관리 계획에 긍정적인 강화 단계가 포함되어야 했지요. 하지만 그건 아버지의 방식이 아니었던 거예요. 사실 저는 우리 회사 인재개발(HR) 담당 이사인 알렉스 존슨이 지적하기 전까지 그 중요성을 몰랐답니다. 덕분에 우리는 사후관리 계획에 필수 체계와 책임감 외에도 긍정적인 면을 강화하는 칭찬 과정을 포함시켰습니다. 이로써 기존의 사후관리 계획이 완벽해졌지요.”

“대단한걸요! 칭찬으로 그 계획이 완벽해졌다니 말입니다.”

헨리는 평소 자신이 가지고 있던 생각과 일치하는 생각을 가졌다는 알렉스 존슨이라는 사람이 무척 궁금했다. 그가 어떻게 칭찬과 격려를 통해 아는 것을 실천하도록 만들었을지 알고 싶었다. 헨리는 필립에게 정중히 부탁했다.

“필립, 혹시 알렉스 존슨 씨를 만날 수 있을까요? 꼭 만나고 싶습니다.”

“하하, 역시 예상대로군요. 왠지 헨리가 알렉스를 만나고 싶어 할 것 같다고 생각했습니다.”

필립이 미소를 지었다. 이번에도 헨리는 필립이 마치 자신의 생각을 꿰뚫어보고 있다는 인상을 받았다. 그는 항상 미리 준비하고 있었다는 듯 헨리의 요구에 응했다.

"약속을 잡는 방법은 알고 계시죠? 알렉스에게는 제가 미리 말해두겠습니다. 알렉스를 만나서 좋은 이야기를 나누실 수 있을 겁니다."

"감사합니다. 그나저나 캐서린에게 더 잘 보여야겠는걸요."

"하하하……."

필립이 호탕하게 웃고는 헨리에게 말했다.

"그러세요. 캐서린은 우유가 들어간 따뜻한 커피를 좋아한답니다! 우리는 나중에 다시 만나 이야기를 나누도록 합시다."

두 사람은 활짝 웃으며 작별 인사를 대신했다. 헨리는 갈수록 뭔가 더 많은 것을 깨닫고 있음을 느끼고 있었다.

승리로 이끄는 법

 다음날 아침, 헨리는 캐서린에게 전화를 걸어 미
팅 약속을 확인한 뒤 집을 나섰다. 맑은 하늘을 바
라보며 그는 잔뜩 기대에 부풀었다.

건물에 들어서니 캐서린이 그를 반갑게 맞았다. 캐서린의 안
내를 받아 알렉스의 사무실로 향했다.

'똑똑.' 캐서린은 'HR기획 담당 이사 알렉스 존슨'이란 명패
가 걸린 사무실을 노크하고는 말했다.

"알렉스, 헨리 씨가 오셨어요."

캐서린의 말에 컴퓨터 앞에 앉아 있던 알렉스가 자리에서 일
어나 반갑게 인사했다.

"헨리 씨! 어서오세요. 정말 반갑습니다. 이렇게 만나게 되다니 영광입니다. 전 당신 팬이랍니다. 특히 칭찬을 이야기한 책은 정말 감명 깊었습니다."

"아, 네. 감사합니다."

헨리는 자신의 생각대로 알렉스가 칭찬과 격려의 중요성을 잘 알고 있는 사람이라는 생각을 했다. 알렉스는 편안한 느낌이 드는 테이블로 자리를 안내하고는 말했다.

"오늘처럼 맑은 날씨에는 커피보다는 레몬을 넣은 시원한 음료가 좋을 것 같은데 어떠세요?"

"아, 좋습니다."

알렉스는 손수 레몬이 띄워진 소다수를 가져와 헨리에게 권했다. 자리에 앉으며 알렉스가 말했다.

"필립에게 들었어요. 책에서 말한 것처럼 다른 사람들이 잘한 일을 잡아내기를 좋아한다고요! 저도 그렇답니다."

알렉스의 말에 헨리는 기분이 더욱 좋아졌다. 오늘 만남에서도 많은 것을 배울 수 있을 것이라는 기대도 한층 높아졌다. 그는 웃으면서 대답했다.

"하하. 필립이 그새 많은 이야기를 전했군요. 전 사람들이 잘하는 일을 찾아내고, 그걸 칭찬하는 일이 즐겁습니다."

그는 음료수를 한 모금 마시고는 오늘 방문한 이유에 대해 이야기를 꺼냈다.

"필립과 대화하면서 많은 것을 배웠습니다. 특히 무언가를 제대로 배우기 위해서는 훌륭한 사람 밑에서 배움에 대한 의지를 잃지 말아야 한다는 교훈에 대해 여러 가지 생각을 하게 되었답니다."

"네, 그렇군요."

알렉스는 헨리가 편하게 이야기할 수 있도록 배려한 듯 적당한 목소리로 응수했다. 헨리는 다시 말을 이었다.

"네, 그런데 필립이 아버지에게 배운 사후관리 계획에는 뭔가 빠진 게 있는 것 같다는 생각을 했답니다."

"알려주고, 보여주고, 시켜보고, 고쳐주는 방법을 말씀하시는 거죠?"

"네, 그렇습니다. 저는 그 방법이 너무 좋은 사후관리 방식이라고 생각합니다. 하지만 가장 중요한 것이 빠져 있다는 생각을 지울 수가 없더군요. 바로 '긍정적인 면을 강화'해주는 것입니다. 그래서 그런 제 생각을 필립에게 이야기했더니 그가 당신 이야기를 해주더군요. 당신이 필립의 교육 과정에 문제점을 제기했다고요."

"네, 그랬지요. 들으셨겠지만 저도 칭찬과 격려가 동기를 부여하는 중요한 방법이라고 생각하니까요."

"역시 그렇게 생각하시는군요. 필립은 당신 덕분에 현재의 사후관리 계획이 완성되었다고 했습니다. 저는 그에 대해 좀 더 자세한 이야기를 듣고 싶어서 이렇게 만남을 청한 거랍니다."

"제 이야기를 들려 드리게 되어 정말 영광입니다."

알렉스는 헨리를 향해 고개를 숙이며 말했고, 헨리는 알렉스의 공손하고 겸손한 태도를 보며 믿음이 더욱 강해졌다.

알렉스는 다시 편하게 자세를 고쳐잡은 뒤 웃으면서 이야기를 시작했다.

"우선 제가 그런 문제제기를 한 배경부터 설명하겠습니다. 우리 회사는 인재를 채용할 때 두 가지 부류의 사람만을 채용합니다. 바로 승자와 잠재적인 승자지요."

알렉스는 손가락 하나를 치켜들며 말했다.

"첫 번째로 승자는 이미 해당 업무에 대한 경험을 가지고 있고, 또 좋은 실적을 낸 경험이 있는 사람을 의미합니다."

"그런 사람들에게는 사실 교육이나 지원이 그리 많이 필요하진 않겠네요?"

"그렇습니다. 역량 면에서 봤을 때 그들은 이미 어느 정도 경지에 올라서 있으니까요. 그들에게 필요한 것은 단지 우리 회사의 사업 내용을 이해하고, 기업 문화를 익히도록 하는 것뿐입니다. 이를 기반으로 자신에게 주어진 목표를 분명하게 인식할 수 있도록 지원할 뿐이죠."

이어서 헨리가 알렉스를 향해 말했다.

"음⋯⋯. 그리고 어떻게 하는 것이 잘하는 것인지도 알 수 있게 해줘야 하고요!"

"맞습니다. 정말로 잘했을 때는 잘했다는 것을 정확하게 인식시켜주고, 칭찬해줘야 합니다. 승자들은 사실 일단 사업을 이해하고 목표나 기준을 확실히 세우면 굳이 지도를 받을 필요가 없지요. 그들에게는 유능한 조교보다 멋진 치어리더가 필요해요."

알렉스는 진지하면서도 밝은 어조로 강조했다. 헨리는 그의 말에 적극적으로 동의한다는 듯 여러 차례 고개를 끄덕였다.

"네, 무슨 뜻인지 알겠습니다. 그렇다면 잠재적 승자란 어떤 부류의 사람들인가요?"

헨리는 잠재적 승자의 정확한 의미와 그들에게 어떤 방식으로 지원하는지가 궁금해 물었다.

알렉스는 친절하게 설명했다.

"네, 잠재적 승자란 입사 후에 제대로 교육만 받는다면 승자가 될 수 있는 가능성이 아주 높다고 판단되는 사람들을 말합니다. 그들에게는 적극적인 교육과 지원이 필요하지요."

"그들 역시 어쨌든 승자인 셈이네요. 미래의 승자니까요. 그리고 절대로 패자는 뽑지 않으시는 거고요."

"하하하! 잠재적인 승자보다 헨리 씨가 말한 미래의 승자란 말이 더 멋진걸요."

알렉스는 밝고 경쾌하게 웃으며 말했다. 그는 다시 한 번 강조하듯 말했다.

"그래요. 우리는 패자를 뽑지 않습니다. 안 뽑으려고 애쓰죠. 우리는 직원들 모두가 승리하기를 원하니까요."

"하하하……."

두 사람은 서로를 마주보며 다시 한 번 신명나게 웃었다. 잠시 뒤 헨리가 다시 물었다.

"그런데 승자야 이력서나 자기소개서, 혹은 리서치 등을 통해서 가려낼 수 있지만 잠재적 승자는 어떻게 가려낼 수 있나요?"

"그건 그들이 얼마만큼 배움에 적극적인 태도를 취하는가를 가지고 판단할 수 있습니다."

알렉스는 간단명료하게 대답했다. 헨리는 한참동안 그 말의 의미를 곱씹어보고는 알겠다는 듯이 상기된 목소리로 말했다.

"아, 그 말씀은 그들이 '부정적인 생각'을 가졌는지 그렇지 않은지를 확인해보신다는 거군요!"

"맞습니다. 필립은 항상 인사담당자들에게 신신당부를 한답니다. 자신의 능력을 스스로 갉아먹는 부정적인 생각을 가진 사람을 절대로 채용해서는 안 된다고 말이죠. 하지만 동시에 일단 잠재적인 승자라고 확신이 드는 사람은 입사 후에 지원을 아끼지 않습니다."

알렉스는 자부심으로 가득 차 있는 사람에게서만 느낄 수 있는 특유의 겸손한 당당함을 내뿜으며 말했다. 헨리 역시 고개를 끄덕였다. 잠시 뒤 헨리가 물었다.

"그럼, 그 지원은 어떻게 시행되나요?"

"네, 우선 잠재적 승자 한 사람 한 사람에 대해 정확하게 분석하고 각자의 특성에 맞는 교육을 실시합니다. 여기에는 사내 교

잠재적인 승자라고 생각한다면

적극적인 지원을 아끼지 말아야 한다.

승자와 잠재적인 승자만이

개인과 팀 모두를 승리로 이끌 수 있다.

육뿐만 아니라 외부와 계약을 맺은 사외 교육도 포함됩니다. 우리가 원하는 것은 그들의 학습 열정에 발동을 거는 겁니다."

"아, 바로 그 교육에서부터 훌륭한 사후관리 계획이 실행되는 거군요?"

"그렇습니다. 우리는 모든 교육에 있어서 직원들이 단순한 이론이나 지식 이상의 것을 얻기를 원합니다. 그러기 위해서는 배운 것을 활용하고 실습할 수 있는 기회가 마련되어 있어야 하지요. 그래서 저는 사후관리 계획에 칭찬하는 과정이 반드시 필요하다는 생각을 하게 된 겁니다. 지금은 이를 반영해 사후관리 계획을 이렇게 업그레이드 했습니다."

알렉스는 미리 준비해둔 서류 한 장을 내밀었다. 거기에는 이렇게 쓰여 있었다.

알려주고,

　보여주고,

　　시켜보고,

　　　관찰하고,

　　　　나아진 부분을 칭찬하고(칭찬반응),

부족한 부분은 바로잡아 주고(전환반응),

알려주고,

보여주고,

시켜보고,

관찰하고,

나아진 부분을 칭찬하고(칭찬반응),

부족한 부분은 바로잡아 주고(전환반응)

서류를 살펴본 헨리는 활짝 미소 지었다. 곧이어 알렉스가 말을 이었다.

"기존 사후관리 계획에서 무엇이 더 추가되었는지 한눈에 아시겠지요?"

헨리는 말없이 고개를 끄덕였다.

"네, 보신 대로 '관찰하고' 뒤에 이전과 다른 새로운 단계를 집어넣었습니다. '고쳐주고'를 '나아진 부분을 칭찬하고, 부족한 부분은 바로잡아 주고'로 바꾸었습니다."

"역시 제가 생각했던 것과 완벽하게 일치하는군요! 그런데 칭찬이나 개선책을 제시하기 위해서는 관리자가 항상 곁에서 지켜봐야겠는데요?"

헨리는 한껏 고무된 억양으로 말했다. 헨리의 말에 알렉스는
곧바로 맞장구를 쳤다.

"맞습니다. 우리는 항상 곁에서 지켜봅니다."

그 순간 헨리의 머릿속에 불현듯 독일의 마이스터 제도가 떠
올랐다. 헨리가 말했다.

"알렉스, 당신 회사의 교육 시스템은 도제식과 비슷하군요. 마
치 독일의 마이스터 제도 같다고나 할까요? 하긴 옛날에는 부하
직원이 바로 곁에서 상사를 모시며 일을 배웠지요. 하지만 오늘
날에는 찾아보기 힘든 방법이잖습니까? 아무래도 시간과 비용
이 많이 드니까요."

알렉스는 활짝 웃어보이고는 고개를 끄덕였다. 잠시 뒤 헨리
가 읊조리듯 낮은 목소리로 말했다.

"요즈음 상사들을 보면 가끔 갈매기 같다는 생각이 들 때가 있
습니다."

"갈매기요? 무슨 뜻이지요?"

알렉스가 고개를 갸웃하며 물었다. 헨리는 진지하게 대답했다.

"초보자가 실수를 저지르면 어디선가 갈매기처럼 날아와 정

신없이 몰아붙인 뒤 다시 어딘가로 날아가버리는 관리자를 두고 저는 '갈매기 상사'라고 부릅니다. 그런 사람들은 부하직원의 실수로 피해를 입게 될 때는 더욱 강도가 심해지죠."

"하하하, 재미있는 표현이군요. 저도 나중에 관리자를 교육할 때 활용해야겠는걸요."

알렉스가 호탕하게 웃으며 말했다. 그는 한바탕 더 웃은 뒤 다시 진지한 표정으로 돌아와 말했다.

"우리가 경계하는 게 바로 그겁니다. 우리는 탁월한 관리자가, 그러니까 마이스터가 된 선배가 직속부하든 그렇지 않든 상관하지 않고 잠재적인 승자의 일하는 모습을 주의 깊게 살펴보아야 한다고 생각합니다. 특히 그들이 교육을 통해 배운 것을 처음 시도할 때는 더욱 그렇지요."

"네, 그렇군요. 그렇다면 잠재적인 승자가 새 기술을 익히는 시기에 그를 이끌어주는 관리자는 그 기술의 숙련자여야만 하겠군요?"

"아, 꼭 그런 건 아닙니다. 다만 모든 직원들 개개인에게 적합하고, 또 필요로 하는 바를 알려줄 수 있는 멘토를 선임해주는 것이 관리자의 책임이라고 생각합니다."

"네, 잘 알겠습니다. 정말 당신의 회사는 인재 교육과 관리에 엄청난 공력을 쏟아붓고 있군요. 대단하네요!"

"하하, 엄청난 지원을 하는 건 사실입니다. 그렇다고 대단한 일이라고는 생각하지 않습니다. 우리는 이 일이 반드시 필요하다고 확신하니까요."

알렉스는 좀 더 자세하게 이야기하기 시작했다.

"몇 가지 더 설명해드리겠습니다. 직원들에게는 교육을 막 이수했거나, 혹은 새로운 무언가를 시도해보려는 찰나가 가장 중요한 순간입니다. 그런데도 많은 회사들이 직원을 연수원에 보내는 것으로 책임을 다했다고 생각합니다. 그들은 연수원에만 보내놓고는 나 몰라라 하면서 그것으로 모든 교육이 이루어졌다고 착각하곤 합니다."

알렉스는 너무나 안타깝다는 듯 짧게 한숨을 내쉬었다.

"심지어 어떤 관리자는 직원을 연수 보내놓고도, 그 사람 책상이 비어 있다는 것조차 모르는 경우도 있습니다. 설혹 안다고 해도 신경을 쓰지 않는 경우가 태반이죠."

알렉스가 헨리를 바라보며 진지하게 물었다.

"그런데 그렇게 되면 어떤 결과가 나올까요?"

"음……."

헨리는 잠시 생각을 가다듬고 대답했다.

"글쎄요. 정확히는 알 수 없지만 좋은 결과가 나올 것 같진 않군요."

"물론입니다. 직원 연수 기간 동안 관리자가 방기하면 그 직원의 업무만 쌓일 뿐이지요. 연수를 다녀온 직원은 회사로 돌아와서 교육 내용을 활용해보거나 적용할 만한 제안을 할 틈도 없이 업무에 허덕이게 되고요. 더구나 리더십 교육이나 팀 빌딩처럼 당장 업무에서 눈으로 볼 수 있는 성과가 나타나지 않는 내용일 때는 특히 더하지요."

"네, 그렇군요. 때문에 이 회사에서는 그런 문제를 막고 교육 성과를 높이기 위한 방법을 고안한 거군요."

"그렇습니다. 그래서 우리 회사에서는 직원들에게 많은 양의 교육을 실시하진 않습니다. 보다 적은 양을 좀 더 자주 배우도록 하지요. 그리고 교육에 대한 합당한 가치를 얻도록 지원하는 거고요."

"무슨 말씀인지 알겠습니다. 바로 그래서 교육 이후의 관리와 지도에 더 많은 주의를 기울이시는 거고요!"

"네, 그렇습니다."

알렉스는 그렇게 말하고는 헨리의 음료수잔이 비어 있는 것을 보고는 자리에서 일어나 음료를 좀 더 준비해왔다. 그는 음료수 잔을 헨리 앞에 놓으며 말했다.

"그리고 알아야 할 것이 한 가지 더 있습니다."

헨리는 음료수잔을 들며 가볍게 고개를 숙여 인사하고는 궁금증으로 가득 찬 눈망울로 물었다.

"한 가지 더 있다고요? 그게 뭔가요?"

알렉스는 지체하지 않고 곧바로 대답했다.

"그건 말입니다. '알려주고, 보여주고, 시켜보고, 관찰하고, 칭찬하고, 바로잡아주고……'의 사후관리 과정을 무한대로 반복하는 것이 아니라는 점입니다.

헨리는 고개를 갸우뚱하며 알렉스를 바라보았다. 알렉스가 알겠다는 듯 설명을 자세하게 이어갔다.

"시간이 갈수록 사후관리 계획은 눈에 띄게 변해갑니다. '지시하고, 지켜보고, 칭찬하고, 지시하고, 지켜보고, 칭찬하고……'의 과정으로 말입니다."

헨리가 비로소 고개를 끄덕이며 알렉스의 말을 거들었다.

"아, 그럼 궁극적으로는 이런 방식이 되겠군요."

"네?"

"결국 '스스로에게 지시하고, 수행하고, 스스로의 발전을 칭찬하거나 바로잡고……' 하는 방식으로 전환되는 게 아닌가요?"

"하하, 바로 그겁니다."

알렉스가 무릎을 탁 쳤다.

"헨리, 그게 우리가 원하는 궁극의 목표입니다. 결국 우리가 바라는 것은 초보자를 숙련자로 키워 일을 믿고 맡기는 것입니다. 바로 권한 위임형 리더십이지요. 그렇게 되면 그들은 맡은 일만 잘하는 게 아니라 남들을 코치할 수도 있게 됩니다."

"당신들은 아는 것과 실천의 간격을 좁히는 일을 절대 운에 맡기지 않는군요."

"하하, 역시 헨리, 당신은 이해도 빠르고, 거기에서 한 발 나아가는 생각을 하는군요!"

알렉스는 경탄하며 말했다. 헨리는 엷은 미소를 지으며 칭찬에 감사했다. 헨리는 문득 필립과 나누었던 대화를 떠올리고는 모든 연결고리를 풀었다는 듯 말했다.

"필립은 제게 효과적인 사후관리 계획에 필요한 세 가지 요소가 있다고 했습니다. 체계적인 시스템과 지원, 그리고 책임감이었죠. 당신의 이야기를 들으니 그것을 보다 구체적으로 이해하게 되네요. 알렉스 당신이 이야기해준 교육 과정에는 이 세 가지가 모두 들어있어요!"

"그렇습니다. 사실 우리는 오랜 연구 끝에 훌륭한 관리자가 되는 것은 스킬의 문제가 아니라 훈련의 문제라는 것을 알게 되었습니다. 결국 직원들 개개인이 가진 지식과 능력을 실천으로 옮기게 돕기 위해서는 사후관리 계획에 그 세 가지 요소가 포함되어야 한다는 사실도 함께 파악했지요."

"네, 잘 알겠습니다."

헨리는 고개를 끄덕인 후 알렉스에게 물었다.

"알렉스, 지식과 실천 사이의 틈을 좁히기 위해 필요한 것은 그게 전부인가요? 그러니까 사후관리 계획만 잘 이루어진다면 모든 문제가 해결되는 겁니까?"

알렉스는 설명을 하려는 듯 목소리를 가다듬었다. 바로 그 순간 비서로 보이는 젊은 직원이 들어와 시간을 알려주었다. 알렉스는 잠시 미안해하며 양해를 구했다.

"죄송합니다만 그 이야기는 잠시 후에 나눠야겠는데요. 괜찮으시다면 조금 기다려주시겠습니까? 헨리, 당신과의 대화가 너무 즐거워서 시간 가는 줄도 몰랐네요. 며칠 전에 잡아놓은 회의가 있어서요. 간단한 회의이니 오래 걸리지 않을 겁니다."

"아, 괜찮습니다. 저는 당신과 나눈 이야기를 조금 정리하고 있을 테니 신경 쓰지 마시고 다녀오세요."

"이해해주시니 감사합니다. 그럼, 잠시 실례하겠습니다."

알렉스는 정말 미안한 듯 허리를 깊이 숙여 인사하고 방문을 나섰다. 아까 들어왔던 직원이 다시 들어와 헨리에게 물었다.

"헨리 씨 혹시 필요한 것이 없으신지요? 따뜻한 차를 한 잔 준비해드릴까요?"

"아닙니다. 이걸로 충분합니다."

헨리는 레몬이 띄워진 잔을 가리키며 활짝 웃었다. 그는 알렉스의 배려에 다시 한 번 감사하며 지식을 실천으로 옮기기 위한 사후관리 계획에 대해 차분히 생각을 정리했다.

궁극적으로 필요한 것은

스스로에게 지시하고,

스스로 수행하고,

스스로의 발전을 칭찬하거나

스스로의 문제를 바로잡는 것이다.

훌륭한 관리자가 되는 것은 스킬의

문제가 아니라 훈련의 문제이다.

마음을 여는
일대일 대화

알렉스는 얼마지 않아 다시 사무실로 돌아왔다. 그는 급하게 뛰어왔는지 거친 숨을 몰아쉬고는, 자세를 가다듬은 후 말했다.

"죄송합니다. 많이 늦지는 않았지요? 그럼 다시 이야기를 시작해볼까요?"

"죄송하긴요. 우선 숨부터 돌리세요."

알렉스는 가볍게 목례를 하고는 음료수를 들이켰다. 그는 마음을 차분히 가다듬는 듯하더니 다시 말문을 열었다.

"필립에게 들으셨을 거라고 확신합니다만 사후관리가 부족한 것은 사실 가장 극복하기 어려운 장애물입니다. 그렇기에 우리는 여러 가지 종류의 사후관리 계획을 실시하고 있습니다."

"좀 더 자세히 설명해주시겠어요?"

헨리는 좀 더 주의를 기울이며 알렉스를 응시했다. 어쩌면 지금까지 들은 내용 중 가장 귀중한 정보가 될지도 모른다는 생각이 들었다.

"두 가지 사례를 소개해드리겠습니다. 첫째로 우리 회사는 1:1 회의를 실시하고 있습니다. 모든 관리자가 2주에 한 번씩 부하직원들을 따로 만나 15분에서 30분 정도 대화를 나눕니다."

헨리는 1:1 회의라는 말에 귀가 번쩍 띄었다. 그는 신선한 방식이라고 생각하며 물었다.

"재미있는 형식이군요. 그럼 의제는 누가 정합니까?"

"부하직원이 정합니다. 주로 현재 목표를 어떻게 이뤄가고 있는지, 도움이 필요하지는 않은지, 필요하다면 구체적으로 어떤 도움이 필요한지에 대해서 이야기를 나눕니다. 물론 이 외에도 부하직원이 원하는 것이 있으면 그에 대해 이야기를 나눕니다. 어떤 주제가 되든 상관없습니다. 회의의 주체는 그들이니까요."

헨리는 고개를 끄덕이며 말했다.

"정말 부하직원들에게 큰 도움이 될 것 같습니다."

"네, 물론입니다. 그런데 1:1 회의는 단순히 직원들에게만 도움이 되는 건 아닙니다. 우선 회의 자체가 체계적인 시스템이 되고, 책임감도 가져다줍니다. 다시 말해 2주일에 한 번씩이니, 관리자는 각각의 부하직원을 1년에 26차례씩 만나게 되므로 그것 자체가 충분히 체계적인 시스템이 되는 것이지요. 또 소규모의 회의다 보니 그만큼 서로에 대한 신뢰와 책임감이 훨씬 두터워집니다. 그러니 실적도 향상되고 인재들을 채용하고, 유지하는 데도 도움이 되는 것이죠."

헨리는 생각하면 할수록 멋진 방식이라고 생각했다. 하지만 자신도 한 회사의 대표인지라 관리자에게 그런 방식이 상당한 부담이 될 수 있다는 것을 알고 있었다.

헨리는 진지하게 물었다.

"정말 훌륭한 방법이지만 관리자들에게는 조금 부담스러운 일이지 않나요? 시간과 에너지가 무척 많이 투입되어야 할 테니까요. 혹시 관리자들의 반발은 없나요? 아니, 그것보다는 관리자들이 1:1 회의를 하도록 만든 비결은 무엇입니까?"

알렉스는 그간의 여러 가지 과정이 떠오르는 듯 잠시 생각한 후 대답했다.

"음……, 비결이라……. 그것 역시 반복하고, 반복하고, 또 반복하는 것입니다. 중요성에 대해 반복적으로 알려주는 것이죠."

"하하. 여기서도 또 반복의 중요성이 나오네요."

헨리는 웃으며 말했다. 알렉스도 함께 웃어보이고는 한 마디 덧붙였다.

"필립은 마치 초등학교 선생님 같답니다. 1:1 회의가 얼마나 중요한지 정말 끊임없이 반복하고, 반복하고, 또 반복해서 말했어요. 나중엔 필립이 '1'이라는 말만 꺼내도 다음 이야기를 줄줄 읊을 수 있을 정도였다니까요. 게다가 1:1 회의를 꾸준히 갖는 관리자와 부하직원에게는 포상도 내렸습니다."

"두 사람 모두에게요?"

"물론이죠. 우리는 일이 잘못되었을 때 지위고하를 막론하지 않습니다. 책임을 미루는 것은 더더욱 허용되지 않지요. 그러니 좋은 일 역시 지위와 상관없이 포상을 하는 겁니다. 우리는 직원관리가 파트너십이란 사실을 중요하게 여깁니다. 그래서 성과 평가의 20퍼센트는 이 1:1 회의를 근거로 하고 있습니다."

알렉스는 자신들의 경영방식이 무척 자랑스러운 듯했다. 헨리 역시 모범적인 방식이라고 생각하며 활달하게 말했다.

"필립과 당신, 그리고 이 회사의 모든 분들은 관습적인 상의하 달(top-down) 식의 경영방식에서 벗어나 창의적인 방법을 선택 한 거군요!"

"하하, 그렇습니다. 지식과 실천의 간격을 좁혀 원하는 결과 를 이루기 위해서는 반드시 필요한 일이니까요."

헨리는 동의한다는 뜻으로 고개를 끄덕였다. 그는 또 다른 사 례가 너무 궁금했다.

"알렉스, 이제 두 번째 사례를 들려주시겠습니까?"

"네, 그러죠. 또 다른 예로 우리가 외부 코치를 기용한 것을 들 수 있습니다. 우리는 우선 직원들이 각자에게 적합한 교육을 받 도록 했어요. 그런 뒤에는 어떤 교육을 이수했든 그 직원으로 하 여금 최소 6주 동안 텔레코칭을 받게 했습니다. 물론 코치는 외 부 인사 중에서 섭외가 되었고요."

"엄청난 비용이 들어갔겠는걸요."

"물론 그렇지요. 하지만 반드시 외부 코치여야 하는 이유가 있 습니다."

"그게 뭔가요?"

헨리는 매우 진지한 표정으로 물었다.

"외부 인사여야만 직원들이 회사 내에서 겪는 일상적인 압박에서 심정적으로 자유로워질 수 있으니까요. 이 외부 코치들은 오직 직원들이 배운 것을 실천할 수 있도록 돕는 데에만 관심을 기울일 수 있고, 직원들 역시 마찬가지니까요."

"확실히 큰 도움이 될 것 같네요."

"효과는 정말 상상 이상이었어요. 예를 들어 리더십 교육에 참가했던 직원들은 매주 45분씩 6주 동안 텔레코칭을 받았습니다. 그 결과 그들에게 반드시 필요한 체계적인 시스템과 지원, 책임감을 확고하게 가지게 되었습니다. 업무에 치이다 보면 자주 잊어버리게 되는 것들을 코치가 계속 상기시켜주고, 동기 부여를 해준 덕분이었죠."

"배운 걸 실천하고, 점검받고, 칭찬받고 하는 과정의 다른 방식이기도 한 것 같군요."

"그런 셈이죠. 정말 교육 목표를 성취하는 효과가 아주 높아졌어요. 여기에 1:1회의까지 더해지면 효과는 극대화됩니다. 마치 강력한 연속 펀치처럼 파급력이 대단해집니다. 교육과 텔레코칭을 통해 관리자는 자신의 역할에서 최고치를 해내고, 그 관리자와 함께 일하는 직원들도 그 영향력으로 자신의 목표를 향해 나아갈 수 있게 되는 것이죠. 그렇게 직원 모두가 각자 원하는 목표를 달성하게 되면서 모두 승자가 되는 것입니다. 물론 지금도 이 과정은 진행형이고요."

알렉스는 여기까지 이야기하고는 활짝 웃어보였다. 실력과 여유, 당당함과 겸손함, 거기에 실천력까지 갖춘 프로페셔널이라는 느낌을 받을 수 있었다.

헨리는 그와의 대화를 통해 많은 실마리가 풀렸다는 생각을 하며 감사 인사를 전했다.

"네, 정말 멋진 이야기네요. 오늘 말씀해주신 것들을 통해 복잡하게 얽혀 있던 실타래가 풀린 느낌이에요. 감사합니다."

헨리의 칭찬과 감흥에 알렉스도 웃으며 말했다.

"저 역시 너무 멋진 대화를 나눴습니다. 헨리 씨와 이야기하면서 저 역시 다시 한 번 반복하고, 점검할 수 있었습니다. 고맙습니다."

두 사람의 대화는 여기서 마무리되었다.

헨리는 자리를 정리하고 일어서며 악수를 청한 뒤 사무실에서 나왔다. 머릿속과 마음이 모두 한결 가벼워진 느낌이었고, 발걸음도 구름 위를 걷는 듯 경쾌했다.

다른 사람이
승리할 수 있도록
도와주기

 다음날 아침, 헨리는 마지막 대화를 나누기 위해
필립의 사무실로 향했다. 헨리가 필립의 사무실
에 거의 도착했을 때, 필립의 사무실 앞에서 두 사람이 서서 대
화를 나누고 있는 것이 눈에 들어왔다. 필립과 캐서린이었다. 필
립이 헨리를 먼저 알아보고는 환하게 미소를 지었다.

"어서 와요, 헨리! 오늘은 다른 날보다 왠지 기분이 더 좋아 보
이는군요."

"하하, 안녕하세요. 그렇게 보이나요? 제 얼굴에 기분이 좋다
는 게 쓰여 있나보군요."

필립은 고개를 끄덕이고는 명쾌하게 말했다.

"기분 좋은 까닭을 맞춰볼까요? 알렉스와 나눈 우리 회사의 사후관리 계획에 관한 이야기 때문이지요?"

"하하, 필립 씨의 눈은 항상 정확하군요. 절대로 속일 수가 없겠습니다."

"하하하……."

두 사람은 쾌활하게 웃으며 필립의 사무실로 들어갔다. 이번에도 필립은 창가의 탁자로 헨리를 안내했다. 잠시 뒤 캐서린이 차를 준비해주었다. 헨리는 캐서린과 눈을 마주치며 감사의 뜻을 전했다.

"자, 헨리 그럼 이제 우리의 대화를 마무리해볼까요?"

필립이 대화의 서두를 열었고, 헨리는 궁금했던 것을 물었다.

"필립, 한 가지 궁금한 게 있습니다. 제가 생각하기에 지금까지 배운 내용에서 아는 것을 실천하도록 돕는 데 가장 중요한 것은 사후관리 계획, 그러니까 체계적인 시스템과 지원, 책임감이라는 생각이 듭니다. 물론 다른 것들도 다 중요하지만 그게 가장 중요하다는 생각이 드네요. 제가 제대로 이해한 건가요?"

"네, 여러 가지 측면에서 봤을 때 그렇다고 할 수 있습니다. 하지만 잊지 말아야 합니다. 사후관리 계획은 우리가 말한 '정보의 과부하'와 '부정적 필터링'의 문제점을 바탕으로 만들어졌다는 사실을 말입니다. 적은 양의 정보에 집중하고, 부정적인 생각을 극복하겠다는 결심을 하기 전에는 아무리 사후관리 계획이 훌륭해도 빛을 보지 못하는 법입니다. 이걸 꼭 기억해야 해요."

필립은 헨리가 잠시 간과했던 부분을 정확하게 짚어내어 반복적으로 이야기해주었다. 그리곤 한 마디를 덧붙였다.

"물론 사후관리 계획이 지식과 실천 사이를 연결해주는 고리인 건 분명해요. 우리 회사의 모든 교육 프로그램을 성공으로 이끄는 열쇠이기도 하고요."

헨리는 잠시 생각에 잠겼다. 필립과 처음 전화통화를 했을 때부터 필립을 만나 이야기를 나누고, 수잔과 마이클, 알렉스를 만나 이야기를 나눈 것들을 다시 한 번 찬찬히 생각했다.

필립은 그를 바라보고는 아무 말 없이 창가로 가 창밖을 응시하며 기다렸다.

잠시 뒤 헨리가 입을 열었다.

"이제 확실히 이해가 됩니다. 지금까지 말씀해주신 것들을 정리해보면 '책 한 권, CD 한 장, 세미나 참석 한 번으로 바뀔 수 있는 사람은 거의 없다. 그러니까 더더욱 배움에 집중해야 한다.

그런 다음 긍정적인 마음자세로 지식을 받아들이고, 마지막에는 실행으로 옮기기 위한 계획을 세워야 한다'는 것이죠? 제가 제대로 정리한 건가요?"

"하하, 정말 훌륭한 정리인걸요!"

필립은 너무나 기뻐하며 박수를 쳤다. 그리고 나서 한 가지를 덧붙여서 말했다.

"헨리, 정말 훌륭해요. 이제 사람들이 지식을 실천할 수 있도록 돕는 일만 남았군요. 한 가지만 당부할게요. 위대한 업적을 남긴 사람들의 삶에는 한 가지 공통점이 있답니다. 바로 고집스러울 만큼 강한 집중력을 가졌다는 거예요. 마치 레이저 불빛처럼 한 가지 목표를 향해 달려갑니다. 그들은 목표를 이루기 전까지 단 한 치의 곁눈도 팔지 않습니다."

헨리는 감정이 격양된 듯 찻잔을 들이켰다. 그리곤 조심스레 말했다.

"필립, 제가 걱정하는 부분이 바로 그겁니다. 과연 중간에서 포기하지 않고 계속해서 목표를 추구할 수 있을까요? 지금 이 순간에도 너무 걱정됩니다. 당신이 가르쳐준 것을 과연 잘 지켜갈 수 있을지 말입니다. 당신 회사의 직원들처럼 제게도 체계적

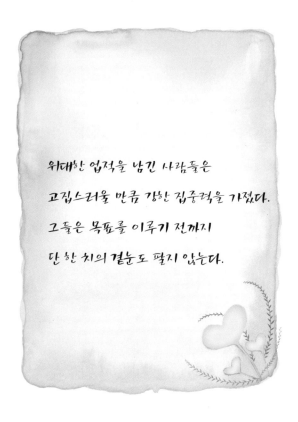

위대한 업적을 남긴 사람들은
고집스러울 만큼 강한 집중력을 가졌다.
그들은 목표를 이루기 전까지
단 한 치의 곁눈도 팔지 않는다.

인 시스템과 지원을 해주고, 책임감을 나누는 숙련된 코치가 필요하다는 생각을 지울 수가 없군요."

헨리의 말을 들은 필립의 얼굴에 미소가 번졌다.

"헨리, 당신은 정말 배움에서 그치지 않고 한 걸음씩 앞으로 나아가는 사람이군요. 제가 당신에게 한 가지 제안을 할게요. 괜찮다면 제가 당신의 코치가 되어도 될까요? 2주에 한 번씩 15분에서 30분 정도 전화통화를 하는 겁니다. 당신이 잘해나가고 있는지 제가 지켜보면 어떻겠습니까?"

헨리는 뜻밖의 제안에 가슴이 두근거렸다. 사실 필립에게 텔레코칭을 부탁할 생각도 해보았지만 헨리가 생각하기에 필립은 너무 바쁜 사람이었다. 그런데 생각지도 못하게 필립이 먼저 제안을 해준 것이었다. 헨리는 필립의 두 손을 꼭 감싸잡고 흥분된 목소리로 말했다.

"정말 감사합니다. 필립, 당신이 제 코치가 되어주신다면 더 없는 영광입니다."

"영광이라니, 무슨 말씀이세요. 저도 당신과의 대화를 통해 많은 것을 다시 생각해볼 수 있었습니다. 우리는 이제 2주에 한 번씩 대화를 나누도록 합시다. 서로 어떻게 하고 있는지 들려주고,

어떤 도움이 필요한지 이야기 나누도록 하지요. 단, 조건이 있습니다. 한 가지를 약속해주셔야 해요."

"네? 무슨 약속인가요?"

헨리는 조건이란 말에 잠시 머뭇거렸다. 필립은 걱정할 것 없다는 듯 활기차게 말했다.

"우리가 나눈 이야기를 모두 실행에 옮길 수 있게 되면……, 그러니까 열린 마음으로 배우고, 배운 것을 모두 실천할 수 있게 되면 말입니다. 당신이 배운 것을 다른 이들에게도 가르쳐주겠다고 약속해주세요."

필립의 말에 헨리는 안도의 숨을 내쉬며 사무실이 떠나갈 듯 큰 소리로 대답했다.

"그야 물론이지요! 꼭 그렇게 하겠습니다."

두 사람은 깊은 신뢰와 존경을 담은 눈빛으로 서로를 바라보며 한껏 웃었다. 웃음이 잦아든 뒤 헨리는 깊숙이 머리를 숙여 인사를 하고 필립의 사무실을 나섰다.

헨리는 다시 긴 복도를 걸어나오면서 생각을 정리했다. 그는 새로운 목표와 의지가 샘솟고 있다는 것을 느낄 수 있었다.

사람들이 자신의 노하우를 실행에 옮기지 않는
세 번째 이유:

사후관리의 부족

- 배움을 열망하고, 배움을 위한 계획을 갖고 있는 사람만이 성공한다.

- 자신이 배운 것을 실천하는 일을 운에 맡겨선 안 된다. 우리가 가진 올바른 의도를 실천에 옮길 수 있도록 하기 위해서는 체계와 지원, 책임감을 제공하는 사후관리 계획이 세워져야 한다.

- 알려주고, 보여주고, 시켜보고, 관찰하고, 나아진 점을 칭찬하거나 잘못된 점을 바로잡아주는 과정을 반복하는 일은 잠재적인 승자를 진정한 승자로 만들 수 있는 강력한 힘을 가진 사후관리 계획이다.

- 긍정적인 면을 강화함으로써 초보자를 열성적인 일꾼으로 만들 수 있다. 방향을 바로잡아주거나 잘못된 점을 고쳐주기에 앞서, 잘한 점을 칭찬하는 것이 더 중요하다. 시간이 지나면 초보자들도 스스로 칭찬하고 바로잡을 수 있어야 한다.

- 회사 내 1:1 회의나 전화를 통한 외부 코칭도 지식과 실천 사이의 간격을 좁히기 위한 유용한 수단이다.

에필로그

필립과의 만남 이후 헨리는 더욱 활기차게 배우고, 긍정적으로 생각하고, 사후관리 계획을 열심히 실천했다. 그 사이 약속대로 필립과 2주마다 전화통화를 했다.

헨리는 골프 스쿨에서 있었던 일을 비롯하여 일상생활에서 일어났던 모든 일을 필립에게 들려주었다. 헨리는 처음 두 차례의 통화를 통해 철저히 사후관리 계획을 세웠기 때문에 예전의 골프 습관으로 돌아가지 않고 꾸준히 실력이 향상되고 있다는 반가운 소식을 전했다.

헨리는 필립과 전화통화를 하면서 계획을 실천하는 데에는 따로 경계가 없다는 사실을 깨달았다. 그리고 이는 인생의 모든 부분에 영향을 미칠 수 있다고 생각했다.

마침내 헨리는 필립과 약속했던 것처럼 그에게 배운 내용을 주제로 강의를 하게 되었다. 헨리는 기쁜 마음으로 필립을 초청했고, 필립 역시 흔쾌히 응했다. 헨리는 말하지 않았지만, 필립은 인터넷 검색으로 헨리의 강연 주제가 '지식을 실천에 옮기는 멋진 인생'이라는 것을 알고는 기대에 부풀었다.

필립은 잠시 생각한 뒤 헨리에게 한 가지 제안을 하기 위해 전화를 걸었다.

"헨리, 접니다. 저를 초청해준 강연의 주제를 확인했답니다. 정말 멋진 주제더군요. 그런데 그 강연회 제목을 '춤추는 고래의 실천(Know Can Do)'이라고 하는 것은 어떻겠습니까?"

필립의 제안에 헨리는 기뻐하며 대답했다.

"오, 좋은 생각입니다! 바로 연락을 취해야겠군요."

"하하, 제안을 수락해줘서 고맙습니다. 그럼, 그날 뵙죠."

"필립, 잠깐만요. 한 가지 말씀드릴 게 있습니다. 고백하건대 이번 강연을 준비하면서 제가 한 가지 깨달은 것이 있습니다."

"그래요? 그게 뭔가요?"

"그건 바로 제 지식을 다른 사람들에게 가르쳐주는 것이야 말로 새로운 지식을 적용하고 실천하는 가장 좋은 방법이라는 겁니다. 다른 사람에게 지식을 전하는 과정을 통해 제 실천 의지가 더욱 확고해지는 것을 느낄 수 있었습니다."

"하하, 정말 훌륭해요! 늘 말보다는 행동이 뒤따라야 하지요. 특히 지식과 실천 사이의 틈을 좁히는 일에 있어서는 말이죠."

◆ ◆ ◆

몇 주 뒤 필립은 헨리의 강연회가 열리는 컨벤션센터를 찾았다. 강연회장 앞에 마련된 접수대에는 그의 이름표가 준비되어 있었다. 그 회의는 교육 및 인간개발 분야에 몸담고 있는 사람들의 국제조직인 ASTD의 연간 모임이었다. 필립은 청중들을 둘러보며 속으로 생각했다.

'암, 이들이야말로 이 강의를 반드시 들어야 할 청중들이지.'

컨벤션홀은 이미 사람들로 꽉 차 발 디딜 틈이 없었다. 참석자 수가 수천 명은 되어보였다. 헨리의 강연은 기조연설로 배정되어 있었다. 필립은 통로를 따라 걷다가 앞쪽에 빈 자리를 하나 발견하고는 미소를 지으며 자리에 앉았다.

개막을 알리는 팡파르가 울리자 ASTD 회장이 연단에 섰다. 그는 짤막한 환영 인사를 건넨 뒤, 주요 의제들을 간단히 설명했다. 그러고 나서 헨리를 가장 멋지게 소개했다.

환영의 박수가 이어진 후 헨리가 중앙 무대로 걸어나왔다. 그는 미소를 지으며 회장의 친절한 소개에 감사를 표했다.

"제 아버지가 이 자리에 안 계신 것이 섭섭하군요. 저를 소개하는 것을 아버지가 들으셨으면 정말 기뻐하셨을 텐데 말입니다. 어머니도 꽤 그럴싸하다고 말씀하셨을 겁니다."

헨리가 농담을 던지자 청중들의 웃음소리로 홀이 들썩였다. 헨리는 웃음소리가 가라앉기를 기다린 뒤 진지한 목소리로 연설하기 시작했다.

"오늘날 교육 및 인재개발 분야는 위기를 맞고 있습니다. 우리는 사람들에게 많은 정보와 지식을 제공하고 있습니다. 하지만 이는 대부분 실천되지 않고 있죠. 사람들은 리더십이나 경영에 대해서 그 어느 때보다 많이 알고 있습니다. 하지만 그들은 아는 것을 실천하지 않고 있습니다. 왜 그런 걸까요? 이 사실은 오랫동안 저를 괴롭혔습니다. 아는 것과 실천 사이의 잃어버린 고리를 찾기 전까지는 말입니다. 오늘 제가 여러분에게 들려주고 싶은 이야기가 바로 그것입니다. 사람들은 아는 것을 실천하지 않습니다. 하지만 아무리 많이 알더라도 실천하지 않으면 소용이 없습니다. 지식과 실천 사이에서 잃어버린 연결고리! 그 연결고리를 잇는 방법은 무엇일까요?"

헨리는 잠깐 말을 멈췄다가 곧바로 해답을 공개했다.

"바로 '반복, 반복, 또 반복'입니다. 오랫동안 우리 분야에서는 교육을 '행동의 변화'라고 정의해왔습니다. 하지만 그것을 어떻게 이룰 것인지에 대해서는 의견이 분분했습니다. 변화가 쉽지 않다는 것은 우리 모두가 잘 아는 사실입니다. 특히 스스로 행동을 고쳐나가기란 힘든 일이지요. 아는 것을 행동으로 옮기는 과정에는 세 단계가 필요합니다."

헨리는 잠시 숨을 고르고는 좌중을 압도하며 다시 설명을 시작했다.

"변화의 첫 번째 단계는 '지식의 변화'입니다. 가장 쉬울 뿐만 아니라 시간도 가장 적게 드는 단계입니다. 해야 할 일은 그저 새 책을 한 권 사서 읽거나 새로운 세미나에 참석해보는 것뿐입니다. 여기까지는 매우 즐겁습니다. 하지만 사람들이 아는 것을 실천하지 않는 첫 번째 원인이 바로 여기에서 비롯됩니다. 이미 알고 있는 것을 실천하기보다는 또 다시 새로운 무언가를 배우는 것이 훨씬 재미있기 때문이죠. 그 결과 우리는 '정보의 과부하'에 걸리고 말았습니다. 하지만 물고기와 달리 우리는 정보의 바다에서 유유히 헤엄칠 수가 없습니다. 때문에 우리는 지금 익사하기 일보직전입니다."

헨리는 청중들을 주목시키며 높은 소리로 강조하며 말했다.

"그렇다면 해답은 무엇일까요? 반복, 반복, 또 반복입니다. 에너지를 여러 군데로 분산시키지 마십시오. 집중하세요. 많은 지식을 얻으려고 애쓰지 말고, 적은 지식이라도 실천하기 위해 노력하세요. 살을 빼려면 몇 번의 다이어트가 필요할까요? 제대로 지키기만 한다면 한 번으로 족합니다. 우리는 이제 새로운 경영 개념을 찾는 것을 멈추어야 합니다."

헨리는 여기까지 굉장히 힘주어 말하고 잠시 숨을 고르는 듯했다. 잠시 뒤 그는 온화한 어조로 돌아와 상냥한 목소리로 밝게 이야기를 시작했다.

"제가 어느 회사에서 강의했을 때가 잊혀지지 않는군요. 그 회사 사장은 제게 이런 부탁을 했습니다. '강단에 서기 전에 본사를 방문해주십시오. 그리고 저희가 직원들에게 실시하고 있는 교육이 무엇인지 확인해주십시오. 그 내용을 바탕으로 강의를 부탁드립니다. 절대로 새로운 방향으로 이끌어서는 안 됩니다' 라고 말입니다. 저는 이 경험을 통해 지식을 실천하기 위해서는 최고 경영진의 지원이 얼마나 중요한지 깨달았습니다. 그는 직원들의 에너지를 분산시키지 않았습니다. 심지어 그는 직원들에게 작년에는 없었지만 내년에는 채울 수 있는 이력서 한 줄에 대해 생각해보라고 했습니다. 그는 누누이 강조했습니다. 해마다 수많은 결심을 세우고 포기하기보다는 단 하나라도 제대로 실천하는 것이 중요하다고요."

헨리는 다시 강조하듯 말을 이었다.

"다시 한 번 말하겠습니다. 사람들이 아는 것을 실천하지 않는 첫 번째 원인은 '정보의 과부하'입니다. 그리고 이를 해소하는 방법은 '좀 더 적은 것을, 좀 더 자주' 반복하는 것입니다. 거창한 계획을 여러 개 세울 필요가 없습니다. 단 하나라도 집중하십시오!"

헨리는 유창하면서도 간명하고 정확하게 강연을 했다. 그가 잠시 말을 멈추고 청중을 한 번 둘러보았다. 그런 뒤에 다소 익살스런 표정으로 한 가지 제안을 던졌다.

"여러분, 변화의 두 번째 단계에 대해서 말하기 전에 여러분에게 몇 가지 요청할 것이 있습니다. 모두 자리에서 일어나세요."

헨리의 지시에 따라 사람들이 모두 자리에서 일어났다.

"자, 첫 번째입니다. 3분 동안 이 홀을 마음대로 돌아다니십시오. 그리고 가능한 많은 사람들과 인사를 나누십시오. 하지만 조건이 하나 있습니다. 마치 상대에게 무관심한 듯, 그 사람이 아니라 다른 누군가를 찾고 있다는 듯, 건성으로 인사하세요."

사람들은 큰 소리로 웃은 뒤 강연회장 안을 돌아다니기 시작했다. 모두 서로를 무시하는 듯한 태도로 인사를 나누었다. 조금 후에 헨리가 외쳤다.

"이제 그만 됐습니다. 하지만 자리에 앉지는 마세요."

사람들이 조용해지자 헨리가 다시 말했다.

"자, 이제 다시 3분 동안 돌아다니십시오. 하지만 좀 전과는 반대입니다. 이번에는 반가운 친구를 아주 오랜만에 만난 것처럼 인사를 나누세요."

헨리의 말이 끝나자 사람들이 다시 움직이기 시작했다. 강연회장은 거짓말처럼 금세 활기찬 에너지로 넘쳐났다. 사람들은 웃고, 떠들고, 포옹하느라 수선을 피웠다. 헨리가 다시 외쳤다.

"자, 이제 자리에 앉으셔도 좋습니다."

사람들이 모두 자리로 돌아가 앉자 헨리는 미소를 지으며 말했다.

"제가 여러분에게 왜 이런 요청을 했는지 아시겠습니까? 훌륭한 리더가 되기 위해서는 자신을 포함한 다른 사람들의 에너지를 어떻게 다뤄야 하는지 보여주기 위해서였습니다. 두 가지 행동 중 어느 쪽이 에너지를 불어넣던가요?"

"두 번째요!"

청중 모두가 큰소리로 외쳤다.

"제가 여기, 이 강연회장에 에너지를 불어넣기 위해 한 일이 무엇이었습니까? 마법이라도 일으켰던가요? 아닙니다. 저는 여러분의 부정적인 마음을 긍정적으로 바꾸었을 뿐입니다. '이들은 중요하지 않은 사람들이다'라는 생각을 '이들은 오랜만에 만난 나의 반가운 친구들이다'로 바꾼 것뿐이죠. 그런데 어땠습니까? 단지 그것만으로도 주변 공기가 확 변하지 않았나요?"

헨리는 잠시 말을 멈추고 좌중을 둘러봤다. 청중들은 모두 고개를 끄덕이고 있었다. 헨리가 다시 말을 이었다.

"인간의 뇌와 컴퓨터는 많은 공통점을 지녔습니다. 컴퓨터와 뇌는 둘 다 입력된 정보의 진위 여부를 가리지 못합니다. 컴퓨터에 정보를 입력했을 때 '그 정보는 어디서 얻으셨죠? 그런 엉터리 정보는 얼른 내다버리시죠'라고 하는 경우는 없습니다. 컴퓨터가 당신이 어떤 정보를 입력하든 그것을 가지고 작업합니다. 우리가 컴퓨터에 대해 늘 하는 이야기가 있죠. 쓰레기를 넣으면(Garbage in)……."

헨리가 말끝을 흐리며 청중들을 바라보자, 청중들이 큰 소리로 함께 외쳤다.

"쓰레기가 나온다(Garbage out)!"

"바로 그거죠."

헨리가 경쾌하게 말했다.

"인간의 두뇌도 이와 같습니다. 뇌는 실제 사실과 입력된 정보의 차이를 구별하지 못합니다. 당신이 아침에 일어나서 거울을 보고 '너는 멋진 녀석이야'라고 말했다고 해보죠. 이때 당신의 뇌는 절대로 '지금 농담하는 거지? 병원이나 가보는 게 어때?'라고 말하지 않습니다."

헨리의 유머 넘치는 강의에 청중들은 큰 소리의 웃음으로 화답했다.

"아시겠지요? 성공하는 사람들은 자신의 마인드를 긍정적으로 변화시키는 법을 알고 있습니다."

헨리가 계속해서 말을 이어갔다.

"우리가 행동을 바꾸기 위해 거쳐야 할 두 번째 변화 단계가 여기에 있습니다. 이것을 '마인드의 변화'라고 합니다. 마인드는 그 사람의 지식이 감정의 형태로 표현된 것이라고 할 수 있습니다. 당신이 어떤 것에 대해 긍정적으로, 혹은 부정적으로 느끼는 감정이 그것입니다. 마인드는 지식보다 바꾸기가 힘들죠. 사람들은 곧잘 '당신 말이 무슨 뜻인지는 알겠어요. 하지만……'이라고 말합니다. 혹시 여러분도 지금 이런 생각을 하고 계시는건 아니겠지요? 만약 그렇게 생각하고 있었다면 당장 그 '고약한 생각'을 던져버리십시오. 그럼, 이제 두 번째 원인을 아시겠습니까?"

여기저기서 '부정적인 마인드'라는 웅성거림이 들려왔다.

"그렇습니다. 바로 부정적인 마음가짐입니다. 이런 마음가짐을 가진 사람들을 돕는 방법은 긍정적인 마음가짐을 개발해주는 것입니다. 배움에 대한 열린 마음을 지니지 못하면 지식과 실천 사이의 연결고리를 이을 수가 없습니다."

헨리는 잠시 말을 멈추고는 연단 위에 놓여 있던 물을 한 모금 들이켰다. 그는 다시 열정적으로 이야기하기 시작했다.

"우리 대부분은 오늘처럼 청중으로 앉아 있을 때 회의적인 태도를 갖게 됩니다. 이유가 뭘까요? 그건 우리의 유년시절과 밀접한 관련이 있습니다. 성인이 갖는 모든 문제점은 그들의 유년시절에 기인한다고 말한 프로이트의 학설과 일맥상통합니다. 우리는 어린 시절에 당연히 누렸어야 할 인정과 사랑을 충분히 받지 못했습니다. 거기에서 오늘날의 문제점이 생긴 거지요. 우리 부모님이나 다른 어른들은, 우리의 긍정적인 면보다는 부정적인 면을 강조하는 경향이 있었습니다. 우리가 어떤 기발한 생각을 하고 흥분하면 곧잘 찬물을 끼얹었지요. 그 결과 우리는 매사 부정적으로 생각하는 사고방식에 젖어버렸습니다."

헨리는 능수능란하게 강약을 조절할 줄 아는 탁월한 연설가였다. 그는 좀 전까지의 강한 어조를 거두고 다시 밝고 경쾌한 어조로 이야기했다.

"그런 우리에게 지금 필요한 것은 다름 아닌 '파란불 사고'입니다. 더 이상 주저하지 말고 가능성의 세계로 길을 건너세요. 무언가를 들었을 때 우리의 첫 번째 반응은 이래야 합니다. '이

것을 어떻게 활용할 것인가? 이것을 배우면 나는 무엇을 얻게 될 것인가?' 배울 때는 항상 긍정적인 마음자세를 가져야 합니다. '그건 그래. 하지만……' 하는 식의 태도는 우리가 배우고 실천하는 것을 방해할 뿐입니다."

헨리는 잠시 말을 멈추고는 사람들이 메모할 시간을 주는 듯했다. 잠시 뒤 그가 다시 입을 열었다.

"그보다 더 어렵고 중요한 단계는 '행동의 변화'입니다. 학습의 궁극적인 목적이 여기에 있습니다. 그런데 이 단계는 왜 그토록 어려운 걸까요? 이제부터는 직접 뭔가를 해야 하기 때문입니다. 예를 들어, 저는 오랫동안 과체중 상태로 살아왔습니다. 정상체중이 되려면 11~13킬로그램 정도 살을 빼야 했습니다. 저는 남들이 좋다고 하는 다이어트는 다 해보았습니다. 하지만 아무런 효과도 보지 못했어요. 그러다가 마침내 깨달았지요. 이런저런 다이어트를 하다 말기보다는 단 하나의 다이어트라도 중간에 포기하지 않고 꾸준히 해야 한다는 것을요. 그러기 위해서는 도움이 필요했습니다."

헨리는 다시 주의를 환기시킨 뒤 말했다.

"오랫동안 젖어온 습관을 바꾼다는 것은 참 힘든 일입니다. 저는 어느 가난한 유대인 마을에서 자랐습니다. 밤마다 식품점 안에 갇히는 공상을 하곤 했지요. 저는 10리 밖에 있는 치즈케이크 냄새도 기가 막히게 잘 맡았습니다. 어린 시절 굶주린 기억 탓인지 저는 식탐이 강했습니다. 그런 제가 식습관을 바꾼다는 것이 얼마나 힘든 일이었겠습니까? 행동을 바꾸기란 정말 힘듭니다. 바꿔야 한다는 사실을 잘 알고 있고, 그에 대해 긍정적인 마음가짐을 가졌더라도 말입니다. 제가 바로 그런 경우였습니다. 이때 필요한 것이 집중적인 사후관리의 노력입니다. 대부분의 사람들은 그러한 전략까지는 세워놓지 않지요."

헨리는 잠시 연설을 멈추고 손을 치켜들어 이목을 집중하게 하고는 강조하듯 말했다.

"이것이 사람들이 아는 것을 실천하지 못하는 세 번째 원인입니다. 즉 사후관리의 부족입니다. 당신의 노하우를 실천에 옮겨 원하는 결과를 얻기 위해서는 반드시 사후관리 계획이 필요합니다. 이때 사후관리 계획에는 체계와 지원, 책임감이 필수입니다. 마침내 이 세 가지를 모두 갖추었을 때 저는 뚱보에서 탈출할 수 있었습니다. 제게는 세 명의 코치가 있었습니다. 영양 상태를 체크하는 코치, 운동을 가르쳐주는 코치, 그리고 중간에 포기하지 않도록 의지력을 북돋워주는 코치. 그들은 매일 저와 함께 행동하면서 저를 응원해주고, 제가 잘하고 있는지 감독해주었습니다. 그들은 모두 '새해 각오'가 매번 실패하는 까닭을 잘 알고 있었습니다. 아무런 도움을 받지 않고도 이룰 수 있다면 굳이 '각오'라는 거창한 말을 쓸 필요도 없겠지요. 우리가 새해 각오에 대해 말할 때마다 주변인들이 '내 눈으로 직접 확인하기 전까지는 안 믿어!' 하고 웃는 것도 어쩔 수 없는 일입니다. 그들은 우리를 자유롭게 놔두고 지켜봅니다. 그리고 실패할 때까지 가만히 기다리죠. 물론 우리는 어김없이 실패하고 말죠. 그때서야 그들은 다가와 말합니다. '그럴 줄 알았어!'라고 말입니다."

여기저기에서 "맞아!" 하는 웅성거림이 들려왔다. 헨리는 명료하게 정리하며 말했다.

"저를 비롯해서 여기에 모인 분들은 모두 교육 분야에서 일하고 있습니다. 여러분에게 다시 한 번 강조합니다. 프로그램을 기획하고, 개발하고, 실시하는 것보다 더 많은 공력을 사후관리 계획에 쏟아야 합니다. 우리에게 필요한 것은 무엇일까요? 아는 것을 실천하는 데 있어서는 갓난쟁이와 다름없는 사람들이 자신의 삶을 책임질 수 있는 진정한 성인이 되도록 돕는 것입니다."

헨리는 계속해서 열변을 토하며 집중과 반복, 긍정적인 마음가짐과 사후관리 계획이 사람들의 삶을 바꾼 온갖 종류의 예를 들려주었다. 그리고 마침내 열정적인 강연이 끝났을 때 그와 청중들은 모두 강연회장을 가득 메운 긍정적인 에너지를 느낄 수 있었다. 강의는 정말 성공적이었다.

헨리는 강연을 마무리하기 위한 마지막 단계로 접어들었다.

"오늘 제가 말씀드린 것에 대해 굉장히 들떠 하시는 분들이 몇몇 보이는군요. 저도 그렇답니다. 만약 여러분 중 어느 누구도 이 시간을 통해 아무것도 얻지 못했다면 그것 또한 제게 필요한 경험입니다. 내가 아는 것을 어떻게 하면 잘 전달할 수 있을지에 대해 고민할 수 있는 기회가 되겠지요."

헨리는 이렇게 말한 뒤 모두에게 일어서 달라고 부탁했다.

"오른손을 왼쪽 어깨에 올리고, 왼손을 오른쪽 어깨에 올려주세요. 그리고 본인을 한 번 세게 껴안아주세요. 여러분은 멋진 분들입니다. 그러니 자신을 향해 힘차게 외쳐주세요. '당신이 자랑스럽다!', '당신을 사랑한다!' 자, 시작하세요!"

사람들은 저마다 자신을 감싸안고 "당신이 자랑스럽다!", "당신을 사랑한다!"라고 외쳤다. 헨리는 다시 입을 열었다.

"저는 이제 여러분이 각자의 노하우를 실천에 옮길 수 있으리라는 것을 알고 있습니다."

청중이 스스로를 껴안는 동안 다시 헨리가 농담을 던졌다.

"이건 사실 제가 기립박수를 받고 싶을 때 쓰는 방법이랍니다."

우뢰와 같은 박수가 터졌고 유쾌한 웃음소리가 장내를 가득 채웠다. 헨리는 청중을 둘러보다가 앞줄에 앉아 있는 필립을 발견하였다.

"잠깐만요. 여러분, 오늘 이 자리에서 이 분을 소개하지 않고서는 제 이야기를 마칠 수가 없겠군요. 저를 위해 비밀의 열쇠를 풀어주신 분이랍니다."

헨리는 필립에게 '사람들이 당신을 볼 수 있도록 일어나달라'며 손짓했다.

"자, 여러분! 놀랄 만큼 멋진 사업가, 필립 머레이 씨에게 커다란 박수를 부탁드립니다."

필립은 어린 아이처럼 수줍은 미소를 띄우며 살며시 자리에서 일어났다. 그리곤 다시 활짝 웃으며 사람들을 향해 힘차게 손을 흔들었다.

필립의 머릿속에 기분 좋은 한 마디가 떠올랐다.

'내 친구가 진정 해냈군!'

필립은 헨리에 대한 긍지와 신뢰를 느끼며 마음속으로 이야기
했다.

'헨리, 나와의 약속을 지켜줘서 고맙습니다. 당신은 사람들에
게 실천하는 법을 가르칠 뿐만 아니라 당신의 인생에서도 잘 지
켜나가고 있군요.'

필립과 헨리는 서로를 바라보며 더욱 활짝 웃음 지었다.

춤추는 고래의
실천노트

It's Me

나는 누구인지, 어떤 습관을 가지고 있고,
어떤 사람인지 알아보세요.

Name

Birthday   Blood type

School & Office name

◆ 성격은 :

◆ 직업은 :

◆ 가장 보람 있는 것은 :

◆ 가장 좋아하는 것은 :

◆ 싫어하는 것은 :

◆ 나의 좋은 습관은 :

◆ 나의 고쳐야 할 습관은 :

서툰 일에 시간을 사용해서는 안 된다.

올해 꼭 이루고 싶은 목표

1

2

3

4

5

6

7

8

9

10

실천 능력은 습득할 수 있다.

나의 각오

좋은 생각과 행동은 나쁜 결과를 낳을 수 없다.

Year Plan

	January	February	March	April	May	June
1						
2						
3						
4						
5						
6						
7						
8						
9						
10						
11						
12						
13						
14						
15						
16						
17						
18						
19						
20						
21						
22						
23						
24						
25						
26						
27						
28						
29						
30						
31						

July	August	September	October	November	December

목표를 설정하는 것에서 너무 감동받지 마라. 목표를 실현하는 것에서 감동받아라.

실천 체크 카드

DATE . .

◆ 나의 목표 :

◆ 일정 계획 :

◆ 실천 방법 :

◆ 마인드 지수(긍정적인가, 부정적인가?) :

0%   50%   100%

반복 횟수 ☆   ☆   ☆   ☆   ☆

◆ 긍정적인 면

◆ 부정적인 면

◆ 실천 지수(나는 실천을 잘했는가?) :

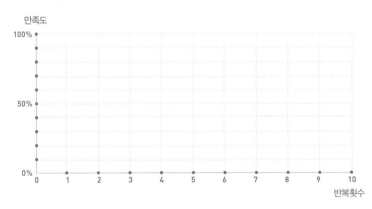

만족도

100%

50%

0%

0 1 2 3 4 5 6 7 8 9 10

반복횟수

대부분의 사람들은 인생을 계획하기보다는 여름휴가를 계획하느라 더 많은 시간을 쓴다.

실천 체크 카드

DATE　　.　.

◆ 나의 목표 :

◆ 일정 계획 :

◆ 실천 방법 :

◆ 마인드 지수(긍정적인가, 부정적인가?) :

0%　　　　　　　　　　50%　　　　　　　　　　100%

반복 횟수 ☆　☆　☆　☆　☆

◆ 긍정적인 면

◆ 부정적인 면

◆ 실천 지수(나는 실천을 잘했는가?) :

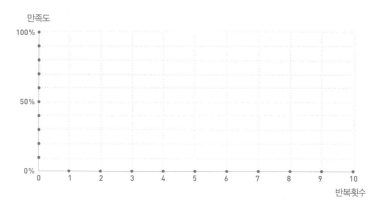

만족도

100%

50%

0%

0 1 2 3 4 5 6 7 8 9 10

반복횟수

오랫동안 집중하는 능력은 어려운 것을 성취할 때 필수적이다.

실천 체크 카드

DATE   .   .

◆ 나의 목표 :

◆ 일정 계획 :

◆ 실천 방법 :

◆ 마인드 지수(긍정적인가, 부정적인가?) :

0%   50%   100%

반복 횟수 ☆   ☆   ☆   ☆   ☆

◆ 긍정적인 면

◆ 부정적인 면

◆ 실천 지수(나는 실천을 잘했는가?) :

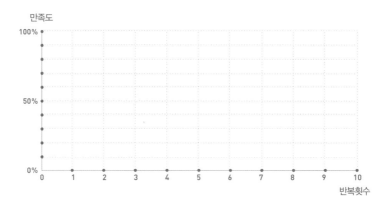

지금 어디에 있든 그 자리에 충실하라.

실천 체크 카드

DATE . .

◆ 나의 목표 :

◆ 일정 계획 :

◆ 실천 방법 :

◆ 마인드 지수(긍정적인가, 부정적인가?) :

0%   50%   100%

반복 횟수 ☆   ☆   ☆   ☆   ☆

◆ 긍정적인 면

◆ 부정적인 면

◆ 실천 지수(나는 실천을 잘했는가?) :

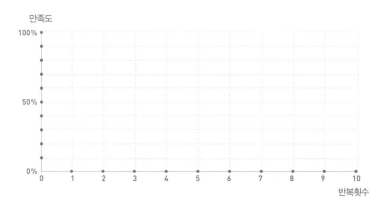

만족도

100%

50%

0%

0 1 2 3 4 5 6 7 8 9 10

반복횟수

우리가 원하는 일에 마음을 둠으로써 원하지 않는 일에 마음을 쓰지 않을 수 있다.

실천 체크 카드   DATE   .   .

◆ 나의 목표 :

◆ 일정 계획 :

◆ 실천 방법 :

◆ 마인드 지수(긍정적인가, 부정적인가?) :

0%   50%   100%

반복 횟수 ☆ ☆ ☆ ☆ ☆

◆ 긍정적인 면

◆ 부정적인 면

◆ 실천 지수(나는 실천을 잘했는가?) :

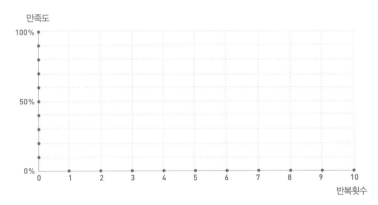

만족도
100%

50%

0%
0   1   2   3   4   5   6   7   8   9   10
반복횟수

몇 가지 일을 잘하기 위해서 많은 것을 포기하라.

실천 체크 카드

DATE . .

◆ 나의 목표 :

◆ 일정 계획 :

◆ 실천 방법 :

◆ 마인드 지수(긍정적인가, 부정적인가?) :

0%   50%   100%

반복 횟수 ☆ ☆ ☆ ☆ ☆

◆ 긍정적인 면

◆ 부정적인 면

◆ 실천 지수(나는 실천을 잘했는가?) :

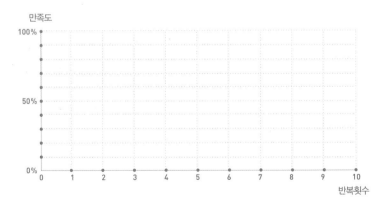

배우고 얻고 되돌려주는 것. 이것이 인생의 세 가지 단계이다.

실천 체크 카드

DATE　.　.

◆ 나의 목표 :

◆ 일정 계획 :

◆ 실천 방법 :

◆ 마인드 지수(긍정적인가, 부정적인가?) :

0%　　　　　　　　　　50%　　　　　　　　　　100%

반복 횟수 ☆　☆　☆　☆　☆

◆ 긍정적인 면

◆ 부정적인 면

◆ 실천 지수(나는 실천을 잘했는가?) :

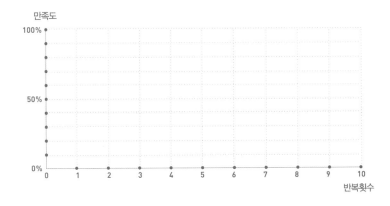

입으로 살지 말고 진정한 행동인이 되라

올해 꼭 읽고 싶은 책

도서명	
지은이	
읽고 싶은 이유	
출판사	가격

도서명	
지은이	
읽고 싶은 이유	
출판사	가격

도서명	
지은이	
읽고 싶은 이유	
출판사	가격

도서명	
지은이	
읽고 싶은 이유	
출판사	가격

도서명	
지은이	
읽고 싶은 이유	
출판사	가격

도서명	
지은이	
읽고 싶은 이유	
출판사	가격

도서명	
지은이	
읽고 싶은 이유	
출판사	가격

도서명	
지은이	
읽고 싶은 이유	
출판사	가격

기쁨은 유지하는 데 있는 것이 아니라 창조하는 데 있다.

독서 실천 체크 카드 DATE　.　.

도서명	
지은이	
읽은 기간	
출판사	가격

◆ 책 소개 :

◆ 독서 만족 지수 :

| 0% | 50% | 100% |

◆ 독서 목표 횟수　☆　☆　☆　☆　☆

◆ 기억하고 싶은 글들 :

1

2

3

4

5

계획과 그림을 가진 사람은 자기 생각의 가치를 높이는 생각을 추구한다.

독서 실천 체크 카드 DATE . .

도서명	
지은이	
읽은 기간	
출판사	가격

◆책 소개 :

◆독서 만족 지수 :

0%   50%   100%

◆독서 목표 횟수 ☆　☆　☆　☆　☆

◆ 기억하고 싶은 글들 :

1

2

3

4

5

자신이 할 수 없다고 말한 것을 누군가가 하는 것을 보는 것만큼 당혹스러운 일은 없다.

독서 실천 체크 카드 DATE . .

도서명	
지은이	
읽은 기간	
출판사	가격

◆책 소개 :

◆독서 만족 지수 :

0%   50%   100%

◆독서 목표 횟수 ☆　☆　☆　☆　☆

◆ 기억하고 싶은 글들 :

1

2

3

4

5

계획이 있는 사람은 힘이 있는 사람이다.

독서 실천 체크 카드 DATE . .

도서명	
지은이	
읽은 기간	
출판사	가격

◆ 책 소개 :

◆ 독서 만족 지수 :

0%   50%   100%

◆ 독서 목표 횟수 ☆ ☆ ☆ ☆ ☆

◆ 기억하고 싶은 글들 :

1

2

3

4

5

내일은 반드시 온다. 그러나 내일은 오늘과는 다르다.

독서 실천 체크 카드 DATE . .

도서명	
지은이	
읽은 기간	
출판사	가격

◆ 책 소개 :

◆ 독서 만족 지수 :

0%　　　　　　　　　　　50%　　　　　　　　　　　100%

◆ 독서 목표 횟수　☆　☆　☆　☆　☆

◆ 기억하고 싶은 글들 :

1

2

3

4

5

성공적인 내일을 원한다면 오늘의 목표에 관하여 생각할 필요가 있다.

한국 섬김리더십 연구원㈜ 소개

한국 섬김리더십 연구원은 경영학, 심리학, 교육학 그리고 산업교육 분야의 전문가들로 구성된 '전문교수진'과 함께 산업체의 경영컨설팅과 인재 육성을 지원하여 한국기업이 세계 일류의 경쟁력을 갖출 수 있도록 조직 내 성과 향상과 인간중심의 섬김 문화를 형성하도록 노력하고 있습니다.

교육 프로그램의 특징

한국 섬김리더십 연구원의 교육 프로그램은 사전에 조직의 특성을 진단하여 그 조직의 체질에 맞는 처방을 내리고, 교육과정 동안에 문제점에 대한 해결방안을 찾는 맞춤식 교육과정입니다. 또한 한국의 문화와 풍토에 적합한 사례 개발 및 철저한 사후관리를 통해 현장에서 실천할 수 있는 종합 컨설팅 프로그램입니다.

주요 교육 프로그램

열정적인 조직 만들기(24hr), 비전으로 가슴을 뛰게 하라(16hr), 칭찬은 고래도 춤추게 한다(8hr), 일선관리자 리더십(24hr), 섬김리더십(16hr), 셀프 리더십(24hr), 골프 리더십(9hr), 실천력 강화 교육과정(16hr) 등.

교육 프로그램 문의 : 한국 섬김리더십 연구원㈜
전화: 02-566-3888 | e-mail: kslico@gmail.com

열정적인 조직 개발과정(24hr)

열정! 프로그램의 특징

* 금융위기를 비롯한 기업 내외적 환경변화에 적응하는 조직혁신 프로그램
* 조직원들에게 무한한 열정과 사명감 및 기氣를 심어주는 조직활성화 프로그램
* 사전진단을 통하여 조직의 체질에 맞는 맞춤식 교육과정 운영뿐 아니라 철저한 사후관리를 하는 교육성과 지향적인 프로그램
* 대기업, 중소기업, 관공서, 병원 등 산업체 및 단체에서 폭발적 인기
* 시청각 자료와 참가자 중심의 체험학습과정으로 흥미진진한 프로그램 운영

주요내용

* 열정적인 조직의 3대원칙
* 개인·팀·조직의 비전·목적·가치를 한 방향으로 정렬
* 자신이 하는 일의 의의와 가치 확인을 통해 사명감 확립
* 비전을 실천하기 위한 리더십과 팀원 간 신뢰 구축 및 팀워크 조성
* 효과적인 칭찬과 격려 노하우를 통한 긍정적인 인간관계 형성

칭찬은 고래도 춤추게 한다 교육과정(8hr)

칭찬! 프로그램의 성과

* 조직원의 의욕을 고취시키고 신뢰를 형성하는 칭찬리더십!
* 조직 전체에 창의와 혁신의 분위기 확산으로 고객을 열광하게 하는 고객리더십!
* 자녀에게 용기와 희망을, 부부 간에 긍정적인 관계와 심뢰를 심어주는 사랑리더십!

주요내용

* 칭찬은 에너지의 원천
* 긍정적으로 패러다임을 바꿔라
* 실수했을 때 지혜롭게 행동을 수정하는 전환기법
* 칭찬을 효과적으로 실천하는 실천기법
* 칭찬문화 토착화를 위한 조직풍토 변화 실천계획 수립

섬김리더십 교육과정(16hr)

섬김! 프로그램의 성과
* 상사중심의 리더십이 아니라 팀원 중심의 눈높이 리더십으로 전환
* 섬기는 리더가 갖추어야 할 역량 개발과 성품 함양
* 인간중심의 일할 맛 나는 조직풍토 형성
* 조직의 위대한 비전을 성취하는 이상적인 리더십

주요내용
* 섬기는 리더와 이기적 리더
* 섬기는 리더가 갖추어야 할 성품
* 비전 중심의 섬김리더십
* 팀원 중심의 눈높이 리더십
* 칭찬과 격려의 마술사
* 섬김리더십의 시뮬레이션

실천력 강화(Know Can Do) 교육과정(16hr)

실천! 프로그램의 성과
* 아무리 훌륭한 지식이라도 실행해야 보배다
* 효과적인 실행력의 노하우 터득
* 작심삼일 타파
* 불굴의 정신력과 자신감 강화

주요내용
* 지식의 변화 : 선택과 집중
* 태도의 변화 : 긍정적 필터 개발
* 행동의 변화 : 전략적 사후관리
* 실행전략 수립

옮긴이

조천제

한국 섬김리더십 연구원㈜ 회장, 30여 년간 국내 유수 기업에서 경영컨설팅 및 산업교육 전문가로 활동했다. 한국행동과학연구소 조직개발연구부장을 거쳐 한국블랜차드컨설팅㈜ 대표로 활동한 바 있으며, 경기대 심리학과 교수 및 고려대학교 대학원에서 산업심리학 관련 강의를 20여 년간 수행했다. 지은 책으로 《칭찬 10계명》 등 10여 권이 있으며, 옮긴 책으로 《칭찬은 고래도 춤추게 한다》, 《겅호》, 《비전으로 가슴을 뛰게 하라》 등 30여 권이 있다.

조영만

한국 섬김리더십 연구원㈜ 전문위원이며, POS컨설팅 대표로서 경영컨설팅 및 산업교육 전문가로 활동하고 있다. 전남대학교에서 리더십에 대한 연구로 경영학 박사학위를 취득하고, 미국 인디애나 대학에서 ISD과정과 HPT과정을 이수했다. 브링검영 대학에서 변화관리전문가(LG ICMP) 과정을 수료했으며, LG화학 연수원장으로 20여 년간 인력개발, 경영혁신, 조직문화 관련 업무를 수행했다.

춤추는 고래의 실천

1판 1쇄 발행 2009년 1월 5일
1판 24쇄 발행 2014년 5월 30일

지은이 켄 블랜차드 외
옮긴이 조천제, 조영만
발행인 고영수
발행처 청림출판
등록 제406-2006-00060호
주소 135-816 서울시 강남구 도산대로 38길 11(논현동 63)
      413-120 경기도 파주시 회동길 173(문발동 518-6) 청림아트스페이스
전화 02)546-4341   **팩스** 02)546-8053

www.chungrim.com
cr1@chungrim.com

ISBN 978-89-352-0766-4   03320